# LA DISPARITION
# DE JOSEF MENGELE

## DU MÊME AUTEUR

ÉLOGE DE L'ESQUIVE, Grasset, 2014.

LES RÉVOLUTIONS DE JACQUES KOSKAS, Belfond, 2014, Livre de Poche, 2016.

AMERICAN SPLEEN, Flammarion, 2012.

LA CHUTE DU MUR, Fayard, 2009, Livre de Poche, 2010 (avec Jean-Marc Gonin).

L'IMPOSSIBLE RETOUR, UNE HISTOIRE DES JUIFS EN ALLEMAGNE DEPUIS 1945, Flammarion, 2007, Champs, 2009.

LA GRANDE ALLIANCE, Flammarion, 2003, Champs, 2004 (avec Frédéric Encel).

OLIVIER GUEZ

# LA DISPARITION DE JOSEF MENGELE

*roman*

BERNARD GRASSET
PARIS

Photo de la bande : © JF Paga

ISBN 978-2-246-85587-3

Tous droits de traduction, de reproduction et d'adaptation
réservés pour tous pays.

*À la mémoire d'Ada et Giuditta Spizzichino,*
*Grazia Di Segni et Rossanna Calò*

« Toi qui as fait tant de mal à un homme simple
En éclatant de rire à la vue de sa souffrance
Ne te crois pas sauf
Car le poète se souvient. »

Czeslaw Milosz

# PREMIÈRE PARTIE

# *Le pacha*

«Le bonheur n'est que dans ce qui agite, et il n'y a que le crime qui agite; la vertu… ne peut jamais conduire au bonheur.»

SADE

## 1.

Le *North King* fend l'eau boueuse du fleuve. Grimpés sur le pont, ses passagers scrutent l'horizon depuis l'aube et maintenant que les grues des chantiers navals et la ligne rouge des entrepôts du port percent la brume, des Allemands entonnent un chant militaire, des Italiens se signent et des juifs prient, malgré la bruine, des couples s'embrassent, le paquebot arrive à Buenos Aires après trois semaines de traversée. Seul sur le bastingage, Helmut Gregor rumine.

Il espérait qu'une vedette de la police secrète viendrait le chercher et lui éviterait les tracasseries de la douane. À Gênes, où il a embarqué, Gregor a supplié Kurt de lui accorder cette faveur, il s'est présenté comme un scientifique, un généticien de haut vol, et lui a proposé de l'argent (Gregor a beaucoup d'argent) mais le passeur a esquivé en souriant : ce genre de passe-droit est réservé aux très grosses légumes, aux dignitaires de l'ancien régime, rarement à un capitaine de la SS. Il enverra quand même un câble à Buenos Aires, Gregor peut compter sur lui.

Kurt a empoché les marks mais la vedette n'est jamais venue. Alors Gregor patiente dans le gigantesque hall de la douane argentine avec les autres émigrants. Il tient fermement deux valises, une grosse et une petite, et toise l'Europe exilée alentour, les longues files d'anonymes élégants ou débraillés dont il s'est tenu à l'écart pendant la traversée. Gregor a préféré regarder l'océan et les étoiles ou lire de la poésie allemande dans sa cabine ; il a passé en revue les quatre dernières années de sa vie, depuis qu'il a quitté en catastrophe la Pologne en janvier 1945 et s'est noyé dans la Wehrmacht pour échapper aux griffes de l'Armée rouge : son internement de quelques semaines dans un camp américain de prisonniers, sa libération parce qu'il possède de faux papiers au nom de Fritz Ullmann, sa planque dans une ferme fleurie de Bavière, non loin de Günzburg, sa ville natale, où il a coupé les foins et trié des patates pendant trois ans en se faisant appeler Fritz Hollmann, puis sa fuite à Pâques, deux mois plus tôt, la traversée des Dolomites sur des chemins boisés de contrebandiers, l'arrivée en Italie, au Sud-Tyrol, où il est devenu Helmut Gregor, à Gênes enfin, où Kurt le bandit a facilité ses démarches auprès des autorités italiennes et de l'immigration argentine.

## 2.

Au douanier, le fugitif tend un document de voyage de la Croix-Rouge internationale, une autorisation de débarquement et un visa d'entrée : Helmut Gregor, 1,74 mètre, yeux brun vert, né le 6 août 1911 à Termeno ou Tramin en allemand, commune du Sud-Tyrol, citoyen allemand de nationalité italienne, catholique, profession mécanicien. Adresse à Buenos Aires : 2460 rue Arenales, quartier de Florida, c/o Gerard Malbranc.

Le douanier inspecte ses bagages, les vêtements méticuleusement pliés, le portrait d'une femme blonde délicate, des livres et quelques disques d'opéra, puis grimace en découvrant le contenu de la plus petite valise : des seringues hypodermiques, des cahiers de notes et de schémas anatomiques, des échantillons de sang, des plaquettes de cellules : étrange pour un mécanicien. Il appelle le médecin du port.

Gregor frémit. Il a pris des risques insensés pour conserver la mallette compromettante, fruit précieux d'années et d'années de recherches, toute sa vie, qu'il a embarquée en quittant précipitamment son affectation polonaise. Si les Soviétiques l'avaient arrêté en sa possession, ils l'auraient exécuté sans autre forme de procès. En route vers l'ouest, au printemps 1945 de la grande débâcle allemande, il l'a confiée à une infirmière compatissante qu'il a ensuite retrouvée dans l'est de l'Allemagne, en zone soviétique, une expédition démente, après sa libération du camp américain et trois semaines de voyage. Il l'a transmise ensuite à Hans Sedlmeier, son ami d'enfance et l'homme de confiance de son industriel de père, Sedlmeier qu'il a rencontré régulièrement dans les bois autour de la ferme où il s'est terré trois ans durant. Gregor n'aurait pas quitté l'Europe sans sa mallette : Sedlmeier la lui a remise avant son départ en Italie avec une grosse enveloppe de cash à l'intérieur, et voici qu'un idiot aux ongles sales est en train de tout faire capoter, se dit Gregor, tandis que le médecin du port inspecte les échantillons et les notes à l'écriture gothique serrée. N'y comprenant rien, il l'interroge en espagnol et en allemand, le mécanicien lui explique sa vocation de biologiste amateur. Les deux hommes se toisent et le médecin, qui a envie de déjeuner, fait signe au douanier qu'il peut le laisser passer.

Ce 22 juin 1949, Helmut Gregor a gagné le sanctuaire argentin.


## 3.


À Gênes, Kurt lui a promis qu'un médecin allemand l'attendrait au port et le conduirait chez Malbranc, mais le passeur lui a encore raconté des histoires.

Gregor fait les cent pas sous la pluie, son contact est peut-être coincé dans les embouteillages. Il scrute les quais, le ballet des dockers, les familles réunies qui s'éclipsent en souriant, les piles de cuir et les ballots de laine des zones de chargement des cargos. Nul médecin allemand à l'horizon. Gregor consulte sa montre, la sirène d'un bateau frigorifique gémit, Gregor anxieux hésite à filer chez Malbranc, mais il décide d'attendre, c'est plus prudent. Bientôt il est l'un des derniers passagers du *North King* à rester à quai.

Deux Calabrais chargés comme des mules lui proposent de partager un taxi. Gregor se surprend à suivre les pouilleux, en ce premier jour en terre sud-américaine il n'a pas envie de rester seul, d'ailleurs il n'a nulle part où aller.

4.

À l'hôtel Palermo il partage une chambre sans lavabo ni toilettes avec ses compagnons qui se moquent de lui : Gregor le Sud-Tyrolien ne pipe mot d'italien. Il maudit son choix mais prend sur lui, accepte quelques rondelles de saucisson à l'ail et s'endort fourbu, sa mallette solidement calée entre le mur et lui, à l'abri des convoitises des deux hommes.

Dès le lendemain matin, il est à pied d'œuvre. Chez Malbranc, personne ne répond à ses coups de fil : il saute dans un taxi, dépose la petite valise à la consigne de la gare avant de gagner une rue tranquille du quartier de Florida. Gregor sonne à la porte d'une spacieuse villa de style néocolonial. Il revient une heure plus tard, sonne à nouveau puis rappelle, trois fois, en vain, d'un café où il s'est réfugié.

Avant de quitter Gênes, Kurt lui a donné un deuxième contact à Buenos Aires : Friedrich Schlottmann, un homme d'affaires allemand, propriétaire d'une florissante entreprise de textiles. En 1947, Schlottmann a financé l'exfiltration d'avionneurs et d'ingénieurs de l'armée de l'air, via la Scandinavie. « L'homme est puissant, il pourra t'aider à trouver un emploi et de nouveaux amis », lui a dit Kurt.

Arrivé au siège de la Sedalana, Gregor exige de rencontrer Schlottmann mais il est en congé toute la semaine. Comme il insiste, une secrétaire le conduit à un responsable des ressources humaines, un Germano-Argentin en costume croisé dont l'allure lui déplaît immédiatement. Gregor est candidat à un poste de manager mais le jeune homme aux cheveux huilés lui propose plutôt un job d'ouvrier « très honorable » : brosser la laine qui arrive quotidiennement de Patagonie, c'est l'usage pour les camarades qui débarquent. Gregor se pince, il pourrait sauter à la gorge du roquet. Lui le fils de bonne famille, titulaire de deux doctorats en anthropologie et en médecine, étriller, frictionner des tonsures de moutons avec des Indiens et des métèques dans les effluves de produits toxiques, dix heures par jour, en banlieue de Buenos Aires ? Gregor claque la porte du bureau de l'employé et jure de faire la peau à Kurt lorsqu'il rentrera en Europe.

# 5.

Gregor fait le point en sirotant une orangeade. Décrocher un boulot, apprendre cent mots d'espagnol chaque jour, mettre la main sur Malbranc, un ancien agent du réseau Bolivar de l'Abwehr, les services de contre-espionnage nazi ; prendre son mal en patience en restant avec les deux Calabrais bien qu'il puisse s'offrir un hôtel confortable. Il n'a rien compris au dialecte des Méridionaux sinon qu'ils sont des vétérans fascistes de la conquête de l'Abyssinie. Des soldats ne le trahiront pas, alors mieux vaut garder profil bas et ses précieuses devises, l'avenir est incertain, Gregor n'a jamais été téméraire.

Avellaneda, La Boca, Monserrat, Congreso... une carte dépliée, il se familiarise avec la topographie de Buenos Aires et se sent minuscule devant le damier, une puce insignifiante, lui qui terrorisait tout un royaume il n'y a pas si longtemps. Gregor songe à un autre damier, baraquements, chambres à gaz, crématoires, voies ferrées, où il a passé ses plus belles années d'ingénieur de la race, une cité interdite à l'odeur acre de chairs et de cheveux brûlés ceinte de miradors et de fil de fer barbelé. En moto, à vélo et en auto, il circulait parmi les ombres sans visage, infatigable dandy cannibale, bottes, gants, uniforme étincelants, casquette légèrement inclinée. Croiser son regard et lui adresser la parole étaient interdits ; même ses camarades de l'ordre noir avaient peur de lui. Sur la rampe où l'on triait les juifs d'Europe, ils étaient ivres mais lui restait sobre et sifflotait quelques mesures de *Tosca* en souriant. Ne jamais s'abandonner à un sentiment humain. La pitié est une faiblesse : d'un mouvement de badine, l'omnipotent scellait le sort de ses victimes, à gauche la mort immédiate, les chambres à gaz, à droite la mort lente, les travaux forcés ou son laboratoire, le plus grand du monde, qu'il alimentait en « matériel humain adéquat » (nains, géants, estropiés, jumeaux) chaque jour à l'arrivée des convois. Injecter, mesurer, saigner ; découper, assassiner, autopsier : à sa disposition, un zoo d'enfants cobayes afin de percer les secrets de la gémellité, de produire des surhommes et de rendre les Allemandes plus fécondes pour peupler un jour de paysans soldats les territoires de l'Est arrachés aux Slaves et défendre la race nordique. Gardien de la pureté de la race et alchimiste de l'homme nouveau : une formidable carrière universitaire et la reconnaissance du Reich victorieux le guettaient après guerre.

Du sang pour le sol, sa folle ambition, le grand dessein d'Heinrich Himmler, son chef suprême.

Auschwitz, mai 1943 – janvier 1945.

Gregor est l'ange de la mort, le docteur Josef Mengele.

6.

Brume, pluies violentes, l'hiver austral grippe Buenos Aires et Gregor étendu sur son lit déprime, il a pris froid.

Il observe la course d'un cafard jailli d'une conduite d'aération et frissonne sous les couvertures. Depuis l'automne 1944, il n'a jamais été si mal en point. Les Soviétiques fondaient sur l'Europe centrale : il savait la guerre perdue et ne dormait plus, épuisé nerveusement. Sa femme Irene l'avait remis sur pied. Arrivée à Auschwitz pendant l'été, elle lui avait montré les premières photos de leur fils Rolf né quelques mois plus tôt et ils avaient passé des semaines idylliques. Malgré l'ampleur de sa tâche, l'arrivée de quatre cent quarante mille juifs hongrois, ils avaient connu une seconde lune de miel. Les chambres à gaz tournaient à plein régime ; Irene et Josef se baignaient dans la Sola. Les SS brûlaient des hommes, des femmes et des enfants vivants dans les fosses ; Irene et Josef ramassaient des myrtilles dont elle faisait des confitures. Les flammes jaillissaient des crématoires ; Irene suçait Josef et Josef prenait Irene. Plus de trois cent vingt mille juifs hongrois furent exterminés en moins de huit semaines.

Quand Josef avait menacé de s'effondrer au début de l'automne, Irene était restée près de lui. Ils avaient emménagé dans une nouvelle baraque équipée d'une baignoire et d'une cuisine, avec des témoins de Jéhovah à leur service.

Gregor regarde le portrait d'Irene posé sur la table de nuit, une photo de 1936, l'année de leur rencontre à Leipzig. Il travaillait à l'hôpital universitaire, Irene était de passage, elle étudiait l'histoire de l'art à Florence. Un coup de foudre : la jeune femme avait dix-neuf ans, un corps blond et mince, l'allure d'une Vénus de Cranach, son idéal féminin.

Gregor tousse et se souvient d'Irene en robe d'été pendue à son bras au jardin anglais de Munich, d'Irene béate dans le coupé Opel bondissant sur les autoroutes du Reich le jour de leur mariage, à la veille de la guerre. Et Gregor enrage en contemplant pour la millième fois les lèvres fines de son épouse sur la photo. Elle a refusé de le suivre en Argentine avec leur petit garçon, refusé de mener une vie de fugitive au-delà des océans. Mengele figure sur la liste américaine des criminels de guerre et son nom a été cité lors de plusieurs procès.

En fait, elle s'est débarrassée de lui. Au fil des ans, dans les bois et les auberges des environs de sa planque bavaroise, il la sentait de plus en plus distante. Sedlmeier, son père et ses deux frères, Karl et Alois, lui ont dit qu'Irene crêpée de noir se consolait avec d'autres hommes. «Pour le couvrir», elle a raconté à la police militaire américaine qu'il était mort au combat. «La chienne», gémit Gregor dans sa mansarde du Palermo: à leur retour du front, ses camarades ont été accueillis en héros par leurs femmes; la sienne est tombée amoureuse d'un marchand de chaussures de Fribourg avant de l'expédier au seuil de nulle part.

## 7.

Dans la salle d'eau, à l'étage, une serviette nouée autour de la taille, Gregor admire son ventre lisse et son torse imberbe, la douceur de son épiderme. Il a toujours choyé sa peau. Ses frères et Irene se sont moqués de sa vanité de midinette, de ces heures passées à s'hydrater et à se mirer, mais lui bénit la coquetterie qui lui a sauvé la vie. À son entrée dans la SS, en 1938, il a refusé de se faire tatouer son numéro de matricule sous l'aisselle ou sur la poitrine comme l'exigeait le règlement : lorsque les Américains l'ont arrêté après la guerre, ils l'ont pris pour un simple soldat et libéré quelques semaines plus tard.

Gregor s'approche du miroir et examine l'arc de ses sourcils, son front légèrement proéminent, son nez, sa bouche maligne, de face et de profil, et roule des yeux, enjôleurs, puis soudain sévères et inquiétants. Longtemps, l'ingénieur de la race aryenne s'est demandé quelle était l'origine de son mystérieux nom. Mengele, cela sonne comme une sorte de gâteau de Noël ou d'arachnide velue. Et pourquoi son teint et sa chevelure étaient-ils si mats ? À Günzburg, ses camarades de classe l'avaient surnommé Beppo le gitan et depuis qu'il se dissimule à Buenos Aires derrière une moustache ténébreuse, il ressemble à un hidalgo, à un Italien : à un Argentin. Gregor sourit en s'aspergeant d'eau de Cologne et découvre un espace entre ses incisives supérieures. Malgré la défaite et la cavale, Malbranc toujours aux abonnés absents, il a terrassé la fièvre et bande sec. Pour un homme de trente-huit ans que la vie et la guerre n'ont pas épargné, pense-t-il, il reste séduisant. Gregor coiffe ses cheveux en arrière comme William Powell dans *Meurtre au chenil*, s'habille et sort, le ciel est clair, le souffle du Rio de la Plata régénérant.

23

Depuis quelques jours, il arpente Buenos Aires. La colossale avenue du 9 Juillet et son obélisque ; Corrientes, ses cabarets et ses librairies ; le gratte-ciel Barolo et les cafés Art nouveau de l'avenue de Mai ; les pelouses couvertes de papiers gras du parc de Palermo ; les artères grouillantes du centre, les pâtisseries et les boutiques luxueuses de la rue Florida. La veille, il a observé la relève au pas de l'oie des grenadiers devant la Casa Rosada, le palais présidentiel, la ferveur des badauds autour de lui, leur respect de la chose militaire. L'armée, institution stabilisante, en Argentine comme partout. Seuls les Allemands s'évertuent à détruire leurs traditions avec leur culpabilité collective, a-t-il marmonné dans le métro qui le ramenait au bouge de Palermo.

Partout de jolies femmes, des fleurs, des chiens errants, des platanes et des gommiers, des effluves de cigares et de viandes grillées, des boutiques mieux achalandées qu'en Europe. Des photos d'Alfredo Di Stéfano en maillot blanc à liseré rouge de River Plate et des portraits de Carlos Gardel et d'Agustín Magaldi ornent les kiosques à journaux avec des gravures de la Vierge et les unes de *Sintonia*, le magazine des astres et des étoiles.

Gregor grimpe dans un tramway, se noie dans la cohue des piétons et des automobiles, la métropole ouverte depuis sa fondation aux déserteurs et aux charlatans. Il ne parle à personne. Lorsqu'il aperçoit des juifs à barbe rousse, les fils des *Rusos* qui ont fui les pogroms tsaristes du début du siècle, il change de trottoir. Sur son plan, il a ce ché de rouge le quartier de Villa Crespo et la place

Once où les juifs ont implanté leurs ateliers de confection, il redoute de croiser un spectre d'Auschwitz qui pourrait le démasquer.

Gregor n'est pas trop dépaysé. L'Argentine en plein boom est le pays le plus développé d'Amérique latine. Depuis que la guerre est finie, l'Europe dévastée achète ses denrées alimentaires. Buenos Aires regorge de cinémas et de théâtres ; les toits sont gris, les écoliers portent de sévères uniformes. Et comme en Allemagne au temps du Reich, on voue un culte au *líder* de la nation, un duo, un ours en uniforme d'opérette et un moineau serti de bijoux. Le rédempteur et l'opprimée : Juan et Evita Perón s'affichent triomphalement sur tous les murs de la capitale.

## 8.

Gregor tue le temps en déchiffrant leur romance dans les journaux. Ils se sont rencontrés en janvier 1944, à un gala de bienfaisance en faveur des sinistrés du tremblement de terre qui avait dévasté San Juan quelques jours plus tôt. La jeune comédienne Eva Duarte est médusée par le colonel Perón, un des hommes forts de la camarilla d'officiers au pouvoir, porte-voix des déshérités, sportif émérite, beau parleur, yeux de lynx et traits d'Indien : il a appelé à la mobilisation de tout le pays pour venir en aide à la ville détruite.

Après la soirée, Perón passe à la radio où Evita cachetonne, Evita au ministère du Travail où Perón peaufine son destin. Sa fougue et sa générosité le bouleversent : il l'engage à son secrétariat et bientôt ils vivent ensemble. Evita s'abandonne à sa gouverne : « Perón mon soleil, mon ciel, mon condor qui vole, haut et loin, parmi les cimes près de Dieu. La raison de ma vie. »

Perón à la manœuvre prend encore du galon. Le voilà ministre de la Guerre et vice-président. Il augmente le budget des forces militaires, crée une armée de l'air, agite sur les ondes la menace d'une attaque du voisin brésilien qui n'interviendra jamais. À la fin du conflit mondial, les États-Unis pressent la junte militaire d'organiser des élections libres. En septembre 1945, une grande marche pour la liberté jette les opposants au régime dans la rue. L'Argentine gronde, les officiers se déchirent, les plus libéraux se débarrassent des nationalistes, arrêtent Perón et le démettent de ses fonctions. Ses partisans se mobilisent, à l'appel de la CGT, ouvriers, syndicalistes et traîne-misère marchent sur Buenos Aires et place de Mai, devant les grilles du palais présidentiel, réclament sa libération et son retour au gouvernement. Perón épouse Evita et remporte l'élection présidentielle quelques mois plus tard.

Provinciaux, ambitieux et revanchards, Evita et Perón se ressemblent. Lui est un enfant des steppes désolées de l'État du Chubut, son père un raté instable, sa mère volage ; elle, la fille illégitime d'un notable bigame de province. Evita n'est pas née quand Perón à seize ans entre chez les cadets militaires, en 1911. Paraná, les Andes, Misiones l'amazonienne : le jeune soldat explore les viscères de l'Argentine au gré de ses affectations et découvre des péons assommés de travail, les ouvriers des abattoirs de Buenos Aires plus maltraités que les bêtes venues se faire égorger. Les inégalités d'un pays riche, principal fournisseur de matières premières de l'Angleterre qui dicte sa loi : les Anglais contrôlent le réseau ferroviaire, les banques exploitent les trésors de la pampa et d'immenses forêts de quebrachos rouges dont ils extraient les tanins. Les grands propriétaires terriens s'accaparent le pouvoir et donnent des fêtes somptueuses. À Buenos Aires voisinent palais et taudis, le théâtre Colón et les bordels de La Boca.

La crise de 1929 dévaste l'Argentine. Chômeurs et sans-logis prolifèrent, des grèves paralysent le pays, des bandes anarchistes écument les campagnes. Perón ronge son frein. Indifférents aux malheurs de leurs concitoyens, les dirigeants corrompus organisent la pénurie, prônent la démocratie mais fraudent aux élections. Les années 1930 : fumeries d'opium, scandales financiers, éther et cocaïne, hold-up à main armée. Au mitan de la décennie infâme, Evita adolescente gagne Buenos Aires pour devenir actrice.

La candide chétive est abusée par des producteurs sans scrupules. Evita enrage : elle n'oublie rien et ne pardonne jamais. Elle rêve d'extirper les traîtres de leurs immondes repaires, de décapiter les barons du sucre et de l'élevage acoquinés aux capitalistes étrangers qui piétinent les humbles de son espèce. Evita est plus fanatique et passionnée que Perón.

En 1946, les voilà maîtres de l'Argentine, soutenus par l'Église, les militaires, les nationalistes et les prolétaires : l'heure de l'épée est venue.

## 9.

Les Perón veulent émanciper l'Argentine et annoncent une révolution esthétique et industrielle, un régime plébéien. Le président Perón tonne et vitupère, à la radio, devant les masses médusées, il gesticule et fanfaronne, promet la fin de l'humiliation, de la dépendance et une vie mirobolante, le grand sursaut : il est le sauveur, le justicialisme péroniste fera entrer l'Argentine dans les livres d'histoire.

Perón est le premier politicien à secouer la vieille société agricole coloniale argentine. Secrétaire d'État, il a gâté les travailleurs ; président, il perfuse les services publics avec l'appui de la CGT, intégrée à l'immense appareil étatique. Croissance et autosuffisance, orgueil et dignité : Perón casse les privilèges de l'oligarchie, planifie ses rêves de grandeur, centralise et nationalise les chemins de fer, le téléphone, les secteurs stratégiques aux mains des étrangers.

Evita est l'icône de la modernisation radicale en cours. En robe de gala, la madone des pauvres reçoit des délégations syndicales, visite des hôpitaux et des usines, inaugure des tronçons de route, distribue des prothèses dentaires et des machines à coudre, jette des liasses de pesos par les fenêtres du train à bord duquel, infatigable, elle sillonne le pays. Elle ouvre une fondation d'aide aux sans-chemises, à tous les déshérités, et propage la bonne parole péroniste à l'étranger sous les vivats des foules. En 1947, lors de sa tournée « arc-en-ciel », elle est reçue par le pape et plusieurs chefs d'État.

Les Perón, médiateurs du peuple et de la volonté de Dieu, cadenassent l'ordre nouveau, nationaliste et autoritaire. Ils purgent l'université, la justice, la presse, l'administration ; triplent les effectifs des services secrets, des hommes en gabardines beiges et complets bruns. Perón hurle « Espadrilles, oui ; livres, non ! » : renvoyé de son poste à la bibliothèque municipale de Buenos Aires, Jorge Luis Borges est promu à l'inspection nationale des volailles et des lapins.

Perón pense le monde. L'homme est un centaure mû par des désirs antinomiques et hostiles qui galope dans un nuage de poussière à la recherche du paradis. L'Histoire est le récit des contradictions humaines ; capitalisme et communisme font de l'individu un insecte, le premier l'exploite, le second l'asservit. Seul le péronisme surpassera l'individualisme et le collectivisme. C'est un catéchisme simple et populaire qui offre un compromis inédit entre le corps et l'âme, le monastère et le supermarché. À son peuple, Perón promet la position verticale du pendule : la sortie de l'âge du centaure pour l'Argentine, nation chrétienne, nationale et socialiste.

## 10.

Centaures et sans-chemises, l'improbable harmonie des antinomies péronistes laisse Gregor de marbre. Pour l'instant, il ne songe qu'à s'orienter et à sauver sa peau.

Le printemps austral revenu, il abandonne le tourisme. Mi-septembre 1949, il obtient un titre de séjour et décroche un emploi de charpentier dans le quartier de Vicente López où il emménage dans un nouveau trou de souris à la fenêtre crasseuse, qu'il partage avec un ingénieur et sa petite fille. Gregor est réveillé une nuit par les gémissements de l'enfant. Le front brûlant, le visage blême, elle est prise de convulsions et le père paniqué supplie Gregor, avec qui il n'a pas échangé trois mots, de chercher un médecin au plus vite. Gregor murmure à l'oreille de l'ingénieur qu'il peut la soigner mais à la seule condition qu'il ne révèle ses dons à personne, sinon qu'il se débrouille, il ne bougera pas, sa fille mourra, et s'il le trahit, plus tard, gare à lui.

Nul ne doit savoir qu'il est médecin. Lui qui méprisait les bricoleurs et les métiers manuels pendant ses études dans les meilleures universités d'Allemagne, accepte de monter des planchers et d'assembler des poutres, depuis le début de sa cavale il a dû s'habituer aux travaux physiques abrutissants, aux tâches indues. À la ferme en Bavière, Gregor devait nettoyer l'écurie, tailler les arbres, biner la terre. Ici, les semaines défilent, sa vie est morne, solitaire, depuis qu'il est à Buenos Aires il craint le faux pas, une mauvaise rencontre, il bute contre sa peur. Gregor est entravé. Tous les jours, il change d'itinéraire pour se rendre à son travail. Régulièrement, il croise des germanophones mais n'ose les aborder. Il rêve d'un jarret de porc et d'un jus de pomme dans l'un des restaurants allemands découverts au gré de ses pérégrinations hivernales – l'ABC, en plein centre, Zur Eiche, avenue Crámer, ou Otto dans le quartier de Chacarita – mais il se refuse à pousser leur porte comme il se refuse à parler sa langue en public. Gregor a un fort accent bavarois. Pas question non plus d'acheter *Der Weg*, le mensuel pour la liberté et l'ordre. Gregor se console en relevant le courrier qui lui est encore envoyé à l'hôtel Palermo. Grâce à l'ami Sedlmeier, il reste en contact avec Irene et sa famille : via une boîte postale, il leur adresse des missives empreintes de mélancolie et Sedlmeier lui expédie les lettres et les mandats de ses parents en retour. Au pays, tout va bien. L'entreprise familiale de machines agricoles prospère, ses brouettes et ses moissonneuses-batteuses se vendent «comme des petits pains», plastronne son père. L'Allemagne n'a pas fini de ramasser ses décombres et commence à peine à se redresser. Karl senior l'attend : dès que les «*Amis* revanchards cesseront de chicaner», il réintégrera le giron familial et le conseil d'administration. «Josef, cesse de pleurnicher, tu t'es battu sur le front de l'Est, tu n'es plus un enfant. Sois patient, toujours méfiant, les choses vont s'arranger. »

## 11.

Enfermé à double tour dans la chambre désertée par l'ingénieur et sa fille, Gregor écoute un opéra de Strauss en dévorant *Der Weg*. L'avant-veille, pris de vertige, il a lâché sa scie à tenon et manqué tomber d'une structure en bois haute de plusieurs étages. Il doit la vie à l'agilité du contremaître du chantier. Alors, las de croupir indéfiniment et d'espérer le retour de Malbranc le fantôme, il a couru au kiosque acheter la revue des nostalgiques de l'ordre noir et l'a glissée sous sa veste.

Des poèmes, une prose alambiquée, des articles racistes et antisémites comme si le Troisième Reich ne s'était jamais écroulé, Gregor se délecte du kitsch teutonique des auteurs bâillonnés en Allemagne depuis la fin de la guerre par les Alliés. Il lit attentivement les petites annonces des dernières pages, découvre épiceries fines, brasseries, agences de voyages, cabinets d'avocats et libraires, l'étendue du cosmos germano-argentin de la capitale, et se réjouit, il va peut-être sortir de sa caverne, sa vie à Buenos Aires va commencer enfin.

Le lendemain, en sortant du chantier, Gregor se rend au siège des éditions Dürer, 542 avenue Sarmiento, et fait la connaissance d'Eberhard Fritsch, leur directeur, l'éditeur de *Der Weg*. Derrière son bureau, Fritsch dévisage le *Hauptsturmführer* Gregor qui lui livre ses états de service sans lui décliner sa véritable identité : entrée en 1937 au parti nazi, dans l'association des médecins nazis et la SS un an plus tard, service militaire dans le Tyrol, un corps de chasseurs alpins, engagé volontaire dans la Waffen-SS, Bureau central du repeuplement et de la race en Pologne occupée, front de l'Est après le déclenchement de l'opération Barbarossa avec la division Viking, stationnement en Ukraine, offensive dans le Caucase, bataille de Rostov-sur-le-Don, siège de Bataïsk, Croix de Fer première classe. Très fier de lui, Gregor détaille à Fritsch comment il a secouru deux tankistes dans leur véhicule en flammes. Il évoque son affectation dans un camp de prisonniers en Pologne mais ne mentionne pas Auschwitz et gémit sur son sort, l'exil, la patrie adorée occupée, l'immensité de Buenos Aires et la nostalgie de l'uniforme. Il a besoin de s'épancher.

Fritsch allume une cigarette et compatit. Il garde un souvenir éblouissant du rassemblement des Jeunesses hitlériennes auquel il a participé à quatorze ans lors de son unique séjour en Allemagne, en 1935, et ne croit pas un mot des horreurs que la propagande alliée impute au nazisme, « des mensonges soufflés par les juifs ». Il a fondé les éditions Dürer pour venir en aide à des soldats comme Gregor. Aux littérateurs du sang et du sol censurés en Europe, il ouvre ses colonnes et leur propose des piges exceptionnelles en ces temps de disette, des bouillons cubes, des conserves de viande et du cacao en poudre; aux camarades échoués sur les rives du Rio de la Plata, il offre un point de ralliement, des réseaux. Le jeune Fritsch assure à Gregor qu'il a «le bras très long» et qu'il n'a rien à craindre : en Argentine, terre de fuyards grande comme l'Inde, le passé n'existe pas. Personne ne lui demandera d'où il vient et pourquoi il est là. «Les Argentins se foutent des chamailleries européennes et en veulent toujours aux juifs d'avoir crucifié le Christ.»

Gregor écoute Fritsch rayonnant lui raconter la fête au Luna Park de Buenos Aires pour célébrer l'Anschluss; comment l'Argentine, officiellement neutre, fut la tête de pont de l'Allemagne nazie en Amérique du Sud pendant la guerre. Les Allemands y ont blanchi des millions et des millions de dollars et s'y sont procuré des devises et des matières premières. Leurs services d'espionnage avaient établi leur QG régional à Buenos Aires. «C'est d'ici qu'a été organisé le renversement du gouvernement bolivien pro-américain fin 1943. Perón et les colonels, qui ont pris le pouvoir cette année-là, cherchaient à s'allier au Führer. Ils ont violemment dispersé la manifestation qui célébrait la libération de Paris et empêché la distribution du *Dictateur*, de Chaplin. Quand Berlin est tombé, Perón a interdit aux radios de transmettre la nouvelle : nous voulions construire un bloc de nations favorables aux nazis pour enculer les Yankees. Mais ils nous ont forcés à rompre les relations diplomatiques avec l'Allemagne, ensuite à lui déclarer la guerre. Nous avons résisté de toutes nos forces, jusqu'à la fin de l'hiver 1945. L'Argentine fut la dernière nation à entrer en guerre...»

Le téléphone sonne, Fritsch s'interrompt et congédie Gregor.

## 12.

Il foutrait bien son poing dans la gueule du minet aux yeux gris bleu. Ou alors un bon coup de maillet sur ses doigts, bang, sur les phalanges, ou plutôt sur les ongles, oui, il arracherait volontiers les ongles des deux mains de Fritsch, un par un, les faire sauter. Gregor mime la scène dans la salle de bains du trou de Vicente López en marmonnant : « Comment oses-tu, Eberhard, petit Argentin de merde ? Tu as passé quinze jours en Allemagne et tu me fais la leçon du haut de tes vingt-huit ans ? Eh oui, les "horreurs", comme tu dis, les horreurs ont existé, l'Allemagne assiégée devait se défendre, écraser les forces de la destruction par tous les moyens. La guerre n'est pas un jeu d'enfants et le nazisme, sombre crétin, ne se borne pas aux chorégraphies grandioses des Jeunesses hitlériennes. » Gregor écrase son tube de dentifrice et puis se calme, brusquement, sinon il sera en retard sur le chantier ; le moindre retard l'insupporte.

Gregor passe de plus en plus régulièrement à la revue, plaque tournante des nazis à Buenos Aires. Il y croise une brute dont il a entendu parler à Auschwitz, l'un de ses pourvoyeurs réguliers : accompagné d'un molosse dressé à déchiqueter la chair humaine, Josef

Schwammberger a dirigé des camps de travaux forcés et liquidé plusieurs ghettos en Pologne. Il y fait la connaissance de Reinhard Kops, le spécialiste des complots judéo-maçonniques au journal, un ancien des services secrets d'Himmler dans les Balkans, et se lie d'amitié avec celui que Fritsch considère comme sa «meilleure plume, le grand artisan du succès croissant de *Der Weg*», un auteur dont Gregor a déjà remarqué les articles bien troussés, Willem Sassen. Bien qu'il force sur le whisky et fume sans interruption (Gregor ne fume pas), le Hollandais polyglotte en costume rayé lui fait bonne impression. Gregor a toujours veillé à ne fréquenter que les huiles et les mandarins : à l'université comme à Auschwitz, il ne s'est jamais mêlé à la piétaille SS, seulement aux médecins chefs et aux commandants du camp. Il ne souffre pas la médiocrité.

Les deux moustachus se reniflent. Comme Gregor, Sassen, engagé volontaire dans un groupe de SS hollandais, s'est battu sur le front russe et enfoncé en territoire soviétique, jusqu'au Caucase, où il a été grièvement blessé. Comme Gregor, Sassen, propagandiste du Reich sur les ondes belges et collabo de première, a été arrêté après-guerre en Hollande et condamné à une lourde peine de prison mais lui s'est échappé, deux fois, avant de gagner l'Irlande puis l'Argentine, au gouvernail d'une goélette partie de Dublin.

Sassen apprécie la culture classique et la force des convictions de son nouvel ami, le médecin : Gregor a confiance en sa discrétion et pour la première fois depuis qu'il est à Buenos Aires, il a révélé sa véritable identité et son histoire. Comme tous les autres, les femmes les premières et Fritsch qui lui paie un salaire confortable et son loyer, Gregor se laisse séduire par la prestance et la faconde de Sassen : en quelques mois, le rusé Hollandais a appris l'espagnol à la perfection et fait son trou en Argentine. Son carnet d'adresses impressionne Gregor. Dès que possible, Sassen lui présentera Rudel, dont il est occasionnellement le chauffeur et le nègre, oui, le célèbre colonel Hans Ulrich Rudel, l'as des as de la Luftwaffe, le pilote le plus décoré de l'histoire allemande (2 530 missions, 532 tanks détruits), autre réfugié en Argentine, et plusieurs grosses légumes. Il pourra aussi rencontrer le président Perón qui « a toujours beaucoup de temps à consacrer aux Allemands ».

## 13.

Perón n'a jamais oublié les officiers du grand état-major allemand qui l'ont instruit à l'art du commandement, du temps où l'armée argentine était coiffée de casques à pointe et équipée de fusils Mauser et de canons Krupp. Panache, autorité, discipline : le génie militaire allemand fascine tant le jeune Perón qu'il écrit une thèse sur la bataille des lacs mazuriens et s'endort rarement sans consulter ses stratèges prussiens favoris, Clausewitz, le comte Alfred von Schlieffen et Colmar von der Goltz, le théoricien de la nation en armes, un modèle de société que Perón essaie d'imposer à l'Argentine maintenant qu'il s'est emparé du pouvoir. Tout doit être subordonné aux objectifs de la défense nationale.

L'Allemagne puis l'Italie le fascinent après l'arrivée de Mussolini au pouvoir au début des années 1920. Comme tous les lanceurs de lasso de sa génération, Perón est ébloui par les exploits d'Italo Balbo et de Francesco De Pinedo, les fascistes volants, ces aviateurs intrépides qui cinglent l'éther étoilé pour relier Rome à l'Amérique du Sud. Perón écoute la voix du Duce diffusée sur les ondes argentines et court au cinéma le Palace regarder *Un homme, un peuple*. Mussolini l'impressionne : un dirigeant investi par la Providence peut sauver une nation et faire éclater le continuum de l'Histoire.

Il découvre l'Italie en 1939 en suivant une formation de l'armée fasciste puis comme attaché militaire à l'ambassade d'Argentine à Rome. Deux ans durant, il voyage, s'informe et prend des notes : Perón est convaincu d'être au cœur d'une expérience historique inédite depuis la Révolution française, la fondation d'une démocratie populaire authentique. Mussolini a réussi à faire converger des forces éparses vers l'objectif qu'il leur a fixé, le socialisme national. Le 10 juin 1940, l'armée italienne entre en guerre. Du balcon de la Piazza Venezia, le Duce fait jouir une foule immense devant Perón en uniforme d'apparat.

Quelques mois plus tôt, Perón s'est rendu à Berlin et sur le front oriental, après l'invasion éclair de la Pologne.

Perón, qui a lu *Mein Kampf* en italien et en espagnol et admiré les bronzes de Breker et de Thorak, est sidéré par les changements en cours : l'Allemagne se lève à nouveau, le nazisme a cicatrisé ses plaies et nulle part ailleurs en Europe il n'existe une machine si précisément huilée. Les Allemands travaillent en bon ordre au service d'un État parfaitement organisé. Le volcan Hitler hypnotise les masses : l'Histoire devient théâtre, la volonté triomphe, et comme dans *Tempête sur le mont Blanc* et *L'Ivresse blanche*, les films avec Leni Riefenstahl que Perón découvre à l'occasion de son pèlerinage allemand, le courage et la mort fraternisent. La lave hitlérienne détruira tout sur son passage.

De retour en Argentine, il élabore une vision toute personnelle de la guerre qui fait rage. L'Italie fasciste et l'Allemagne nazie offrant une alternative au communisme et au capitalisme, les États-Unis et l'URSS se sont alliés pour lutter contre l'émergence de cette troisième force, l'Axe, le premier bloc de puissances non-alignées selon Perón.

L'Allemagne et l'Italie défaites, l'Argentine va prendre leur relève et Perón réussir là où Mussolini et Hitler ont échoué : les Soviétiques et les Américains ne tarderont pas à s'anéantir à coups de bombes atomiques. Le vainqueur de la Troisième Guerre mondiale patiente peut-être aux antipodes, l'Argentine a une formidable carte à jouer. Alors, en attendant que la guerre froide dégénère, Perón devient le grand chiffonnier. Il fouille les poubelles d'Europe, entreprend une gigantesque opération de recyclage :

il gouvernera l'Histoire, avec les détritus de l'Histoire. Perón ouvre les portes de son pays à des milliers et des milliers de nazis, de fascistes et de collabos ; des soldats, des ingénieurs, des scientifiques, des techniciens et des médecins ; des criminels de guerre invités à doter l'Argentine de barrages, de missiles et de centrales nucléaires, à la transformer en superpuissance.

## 14.

Perón veille personnellement au bon déroulement de la grande évasion. À Buenos Aires, il crée un service spécial, le Bureau d'information dirigé par Rudi Freude, le fils de son principal contributeur à la présidentielle victorieuse de 1946, Ludwig Freude, richissime banquier nazi et actionnaire des éditions Dürer ; en Espagne franquiste, en Suisse puis en Italie, à Rome et à Gênes, où Gregor a embarqué, il dépêche un escroc aux yeux bleus, l'ancien capitaine SS Carlos Fuldner. Freude et Fuldner fixent les *ratlines*, les itinéraires d'évacuation, et coordonnent les réseaux d'exfiltration, chaînes complexes de diplomates et de fonctionnaires corrompus, de barbouzes et d'hommes d'Église qui offrent l'absolution aux criminels de guerre, comme une ordonnance de non-lieu. Contre le communisme athée, la lutte finale est engagée.

À la fin des années 1940, Buenos Aires est devenue la capitale des rebuts de l'ordre noir déchu. S'y croisent des nazis, des oustachis croates, des ultranationalistes serbes, des fascistes italiens, des Croix fléchées hongrois, des légionnaires roumains de la garde de fer, des vichystes français, des rexistes belges, des phalangistes espagnols, des catholiques intégristes ; des assassins, des tortionnaires et des aventuriers : un Quatrième Reich fantôme.

Perón choie ses desperados. En juillet 1949, il amnistie ceux qui sont entrés sous une fausse identité et les reçoit parfois à la Casa Rosada.

Cette nuit-là, une élite d'entre eux a rendez-vous sur un voilier amarré au port.

C'est une nuit douce de décembre, sans lune, les haubans tintent, la bise clapote ; sur un quai, dans le sillage de Sassen, Gregor longe des bateaux de plaisance. « Centaure », murmurent les deux hommes à l'oreille d'un gorille qui les fouille minutieusement, épaulé par trois comparses du même tonnage. Le Hollandais et l'Allemand enjambent le pont du *Falken* et pénètrent dans le gaillard enfumé où fuse un brouhaha de langues d'Europe centrale et d'espagnol.

Sassen accepte volontiers le verre de bière qu'une femme potelée lui tend, Gregor se contente d'un peu d'eau. « Tu as de la chance, lui glisse Sassen, il y a du beau linge ce soir. » Il lui désigne un homme dissimulé derrière une barbiche pointue et des lunettes sombres cerclées de métal noir, « Ante Pavelić, le poglavnik croate » (huit cent cinquante mille victimes serbes, juives et tsiganes), cerné par une haie d'oustachis ; « Simon Sabiani », l'ancien « maire » de Marseille, condamné à mort en France par contumace, «et ses copains du PPF»; «Vittorio Mussolini», le deuxième fils du Duce, avec «Carlo Scorza», l'ancien secrétaire général du Parti fasciste; «Robert Pincemin», qui a dirigé la Milice en Ariège; «Eduard Roschmann», le boucher de Riga (trente mille juifs lettons assassinés), «pompette, comme d'habitude»; le physicien «Ronald Richter, le chouchou du président: il lui a promis d'être le premier à réussir la fusion nucléaire. Perón a mis à sa disposition une île sur un lac de Patagonie pour qu'il poursuive ses recherches». Rudel n'est pas encore là mais ne saurait tarder.

Gregor, lui, ne connaît personne, sauf Kops, Schwammberger et le costaud en culotte de golf avec qui ils discutent devant un hublot, quelle surprise, le juriste Gerhard Bohne, le directeur administratif du programme d'euthanasie T4 (deux millions de stérilisés, soixante-dix mille handicapés gazés), qu'il a croisé plusieurs fois à Auschwitz. Il s'avance pour les saluer quand l'assistance se fige. Quatre hommes ont grimpé sur une estrade improvisée, un colonel argentin, «Fuldner et Freude junior, nos anges gardiens», et un quadragénaire en complet trois-pièces et nœud papillon, «la tapette belge, sourit Sassen, Monsieur Pierre Daye», qui prend la parole.

Quelques mois plus tôt, Daye a participé à la fondation à Buenos Aires du centre des forces nationalistes, un groupement de rexistes, de fascistes et d'oustachis, qui ambitionne d'écraser le capitalisme américain et le bolchevisme russe, et milite pour l'amnistie «chrétienne» des criminels de guerre emprisonnés en Europe. À la veille de la Troisième Guerre mondiale, le continent ne peut se priver de combattants aussi chevronnés.

Daye évoque la chute originelle, le meurtre d'Abel par Caïn et l'éternelle lutte fratricide qui contamine la société humaine depuis la création du monde. «Le matérialisme cosmopolite abject, cette négation de Dieu, voilà l'ennemi, voilà la cause de tous nos malheurs! tonne le catholique fervent. Nous devons unir nos familles pour mener à bien le combat. Rien ni personne n'entravera notre marche triomphale lorsque nous aurons réconcilié le nazisme avec le christianisme...» L'auditoire siffle et applaudit, Daye jubile et de sa voix nasillarde poursuit: «L'excellent président Perón, à qui nous devons la liberté, a fait de cette fraternisation sa mission. Et nous allons aider l'Argentine à devenir le contrepoids hémisphérique des États-Unis. Pour commencer, chers amis. Bientôt Russes et Américains se livreront une lutte à mort. L'an passé le blocus de Berlin a failli dégénérer. Aujourd'hui, les tensions se multiplient aux quatre coins du monde. Alors soyons patients, l'avenir nous appartient, nous reviendrons en Europe...»

Sassen agrippe le bras de Gregor et lui demande de grimper sur le pont, il a «deux amis très chers» à lui présenter.

«*Oberst* Rudel», marmonne une ombre trapue.

«Malbranc», chuchote une voix plus accorte.

Gerard Malbranc, finalement.

## 15.

Parfois, Gregor songe encore à embarquer sur un paquebot en partance pour Hambourg, un cargo chargé de maïs rouge et de lin violacé qui le rapprocherait d'Irene. D'un bistrot du port, il lui a écrit une lettre qui ne lui ressemble guère, le troisième dimanche de l'avent. Jamais il ne lui a déclaré sa flamme avec tant de fougue, jamais il n'a à ce point regretté son absence et ressassé leurs souvenirs, leurs mille nuits d'amour, l'été luxurieux à Auschwitz, les Noëls blottis l'un contre l'autre à ses retours du front, le dernier, dans les bois couverts de neige, l'éclat des flocons dans sa chevelure dorée, et encore une fois, il lui a proposé de le rejoindre, encore une fois, il l'a suppliée de traverser l'Atlantique. En retour, Irene lui a envoyé une photo de Rolf en culotte de cuir, souhaité une bonne année 1950, sobrement, et conseillé d'acheter un chien pour rompre sa solitude. Bizarrement, il s'est empressé de le faire, il s'est offert un toutou baptisé Heinrich Lyons. Irene lui a soufflé le nom dans sa lettre, celui d'un aïeul américain, Harry Lyons, qu'il a germanisé, quelle trouvaille! C'est l'homonyme du fondateur de Munich, Henri le Lion, prince colonisateur, duc de Bavière et de Saxe, chien de Gregor.

D'Allemagne, une bonne surprise, toutefois : la mort à Noël de Karl Thaddeus, son frère cadet né trop tôt – seize mois seulement les séparent –, Karl qu'il a toujours obscurément haï. Gregor se pavane à la terrasse ensoleillée d'une brasserie de Florida en songeant à leur enfance dans la grande maison aux fenêtres étroites comme des meurtrières. Un jour, Karl lui avait volé son train mécanique puis quand leur mère était rentrée, le petit avait pleurniché et l'aîné avait été puni. L'autoritaire Walburga l'avait battu et enfermé à la cave. Karl recevait toujours de plus grosses portions au dîner. Karl pouvait accompagner leur mère dans les pâtisseries de la Marktplatz. Le petit salopard : mille fois, Beppo avait souhaité sa mort, dans un incendie ou un accident d'auto, mille fois il avait ruminé sa jalousie en balançant des cailloux dans le Danube qui longe Günzburg et ses bois. À présent, Karl avait rejoint Walburga au crématorium.

Dans la lettre lui annonçant le décès de son frère, son père lui raconte aussi que les Alliés se montrent « de plus en plus raisonnables ». Depuis quelques mois, ils suspendent les poursuites judiciaires pour crimes de guerre et laissent d'anciens nazis occuper des postes importants au gouvernement et dans l'industrie de la nouvelle République fédérale. « Ils comprennent lentement qui sont leurs véritables ennemis. La guerre froide leur ouvre les yeux. Et nous, Josef, nous oublions la guerre, nous nous attelons à la reconstruction et allons de l'avant. Nous verrons comment ce vieux con d'Adenauer va mener sa barque. »

Gregor paresse à Florida parce qu'il vient de s'installer chez Malbranc. Ils se sont revus après leur rencontre sur le *Falken*. Malbranc s'est confondu en excuses : il voyage énormément pour ses affaires et lorsqu'il est à Buenos Aires, il passe plus de temps dans sa résidence d'Olivos que dans la maison de Florida, sa femme s'y sent mieux. Gregor n'a pas eu de chance, il a dû passer et appeler au mauvais moment. Lorsque Malbranc lui a proposé d'emménager chez lui, Gregor ne s'est pas fait prier. Il a quitté son triste faubourg pour l'épatante villa, un lit douillet, une chambre lumineuse bercée par la fontaine du patio, des petits pains, des œufs et une bonne autrichienne qui s'affaire en cuisine soir et matin.

Son hôte se révèle précieux : Malbranc, l'ancien espion nazi qui a caché des émetteurs radio et acheté des armes pendant la guerre, est un pilier de la nazi society de Buenos Aires. Chez lui passent régulièrement Karl Klingenfuss, ancien diplomate de haut rang du département juif du ministère des Affaires étrangères, le grand Bubi (Ludolf von Alvensleben), condamné à mort par contumace en Pologne, ex-adjudant chef d'Himmler et ami d'Herbert von Karajan, et Constantin von Neurath, le fils d'un ancien ministre des Affaires étrangères d'Hitler. Fritsch et Sassen viennent jouer au poker, accompagnés d'un architecte passionné de musique et de littérature classiques allemandes, Frederico Haase, qui porte un œillet à sa boutonnière et s'entiche de Gregor.

De cryptes en passages secrets, Gregor a trouvé sa voie dans le labyrinthe portègne.

## 16.

« 1950, année du Libertador », proclame Perón. *El líder* pose en héritier de San Martín, le père de l'indépendance argentine.

Le 25 juin éclate la guerre de Corée.

Le 14 juillet, Adolf Eichmann débarque à son tour à Buenos Aires sous le pseudonyme de Ricardo Klement.

Il quitte rapidement la capitale. Fuldner lui a trouvé un emploi à la Capri, une entreprise publique qui construit des usines hydroélectriques dans la région de Tucumán.

## 17.

De tous ses nouveaux camarades, Uli Rudel est celui que Gregor préfère. Descendu trente-deux fois, l'aigle du front de l'Est a toujours réussi à regagner les lignes allemandes bien que Staline ait mis sa tête à prix – cent mille roubles, une fortune. Touché par un obus antiaérien et amputé d'une jambe en février 1945, Rudel est remonté dans son Stuka deux mois après son opération et a encore abattu sirènes hurlantes vingt-six chars soviétiques avant de se rendre aux Alliés le 8 mai 1945.

Lorsque l'aviateur lui a montré la croix de chevalier de la croix de fer avec feuilles de chêne, glaives en or et brillants dont il est l'unique détenteur et qu'Hitler lui a remis, en personne, Gregor l'a regardé avec des yeux d'enfant : Rudel appartient bel et bien à la race des seigneurs. Malgré sa prothèse, il joue au tennis et vient de gravir l'Aconcagua, le plus haut sommet des Amériques. Il est le descendant des chevaliers Teutoniques dont Beppo enjolivait les légendes devant le feu célébrant le solstice d'été à seize, dix-sept ans, lorsqu'il dirigeait la section locale du Grossdeutsche Jugendbund, un mouvement de jeunesse nationaliste et conservateur. Rudel est un guerrier allemand, tel que Gregor s'envisage et ainsi que Rudel semble le considérer malgré la modestie de sa carrière. Gregor n'est qu'un petit capitaine SS, après tout : le colonel a plaisir à le retrouver à l'ABC quand il est de passage à Buenos Aires.

À chacune de leurs rencontres, les deux nazis conversent longuement. Ils ne boivent pas d'alcool et raisonnent par catégories arithmétiques, partageant les mêmes déboires sentimentaux – l'épouse de Rudel a exigé le divorce avant son départ pour l'Argentine ; la même vision apocalyptique de la république de Weimar « dégénérée » et « amorale » de leur jeunesse ; la même conviction que l'Allemagne a été poignardée dans le dos en 1918 ; la même dévotion « totale » au peuple allemand, au sang allemand. Lutte, tout est lutte : seuls les meilleurs survivent, c'est la loi d'airain de l'Histoire, les faibles et les indignes doivent être éliminés. Purgée et disciplinée, l'Allemagne est la plus grande puissance du monde.

Attablé avec le pilote héroïque, Gregor exalte son propre passé de soldat biologique et ne lui cache rien. Mengele tombe le masque de Gregor. Médecin, il a soigné le corps de la race et protégé la communauté de combat. Il a lutté à Auschwitz contre la désintégration et les ennemis intérieurs, les homosexuels et les asociaux ; contre les juifs, ces microbes qui depuis des millénaires œuvrent à la perte de l'humanité nordique : il fallait les éradiquer, par tous les moyens. Il a agi en homme moral. En mettant toutes ses forces au service de la pureté et du développement de la force créative du sang aryen, il a accompli son devoir de SS.

Rudel fascine Gregor parce qu'il a formidablement réussi. Conseiller de Perón, il pilote le développement du premier chasseur à réaction d'Amérique du Sud, le *Pulqui*, aux côtés d'un avionneur de génie, Kurt Tank, lui aussi exfiltré d'Allemagne. Il gagne des fortunes comme intermédiaire auprès de l'armée de l'air de plusieurs géants industriels allemands, Daimler-Benz, Siemens, le constructeur d'hydravions Dornier, et grâce aux licences d'importations que Perón lui a généreusement accordées. Libre de ses mouvements, Rudel voyage et navigue d'un milieu l'autre, d'Europe à l'Amérique du Sud, au cœur de toutes les intrigues, des réseaux d'évasion des criminels, l'Odessa, l'Écluse, l'Araignée. Rudel, cofondateur avec von Neurath du Kameradenwerk qui envoie des colis et paie les frais d'avocat de ses amis emprisonnés au pays, est le maréchal de l'émigration nazie.

Rudel prend Gregor sous son aile et le met en garde : pas touche au trésor nazi, aucune question, à personne, jamais.

Au sujet de ce fameux trésor, de folles rumeurs circulent à Buenos Aires. Peu avant la fin de la guerre, Martin Bormann, le secrétaire à la chancellerie d'Hitler, aurait dépêché vers l'Argentine des avions et des sous-marins bourrés d'or, de bijoux et d'œuvres d'art volés aux juifs : l'opération Terre de feu. Rudel aurait été l'un des convoyeurs du butin placé sur plusieurs comptes au nom d'Eva Duarte. Après leur mariage, Perón aurait mis la main sur l'or des nazis, permettant à son épouse de financer sa fondation. Il y a peu, les cadavres de deux banquiers suspectés d'administrer le magot ont été retrouvés dans les rues de Buenos Aires.

« Sinon, tout est possible en Argentine, dit Rudel à Gregor. Tu connais ma devise ? N'est perdu que celui qui s'abandonne lui-même. »

18.

Alors Gregor s'émancipe. En accord avec son père et Sedlmeier qui continuent de l'alimenter, il va représenter l'entreprise familiale en Argentine, prospecter les gigantesques marchés de machines agricoles du sous-continent. Rudel l'encourage et l'emmène en avion privé au Paraguay avec l'idée de s'associer : le pays abrite des colonies de fermiers allemands dont l'une des plus anciennes, Nueva Germania, a été fondée par Elisabeth Nietzsche, la sœur du philosophe, une antisémite fanatique. Le Sud-Est abonde en prairies fertiles, les brouettes, les moissonneuses-batteuses, les épandeurs à fumier et à engrais Mengele y seraient précieux. Et la contrée est sûre, Rudel y possède de nombreux amis qui ont fondé en 1927, à Villarrica, le premier parti nazi hors d'Allemagne.

Sassen aussi pense à son ami médecin. Il lui propose une combine occasionnelle, plus délicate mais à sa mesure et hautement rémunératrice : aider les jeunes bourgeoises délurées à se délester discrètement de leurs péchés à Buenos Aires plutôt qu'accoucher dans une ville lointaine et abandonner le nourrisson à un orphelinat. Avorter est un crime très sévèrement puni par l'Argentine catholique mais Gregor accepte le marché. Il a récupéré sa mallette d'échantillons et d'instruments médicaux (bistouris, lames, pinces) depuis qu'il vit chez Malbranc. Secourir les familles les plus respectables, comment refuser ? Ses mains le démangent, elles vont renouer avec l'exercice de la médecine, enfin, après toutes ces années comme manutentionnaire et comme fermier.

En cette fin 1950, il règne une certaine euphorie chez les fascistes de Buenos Aires. La Troisième Guerre mondiale est à portée de canons, Perón surveille les télex, un doigt sur la gâchette, c'est l'escalade en Corée. Le président Truman promet d'utiliser tout l'arsenal militaire américain pour contrer l'offensive nord-coréenne dans le

Sud, le général MacArthur boucle une ceinture de cobalt radioactive entre la mer Jaune et la mer du Japon pour empêcher Chinois et Soviétiques d'entrer dans la zone de combats.

En attendant que les rêves d'empire de Perón se concrétisent, Gregor et ses nouveaux amis mènent grand train. Bottines luisantes, cheveux laqués, Haase et Gregor assistent aux représentations du *Tristan* de Wagner, du *Carmen* de Bizet, au Colón, le plus beau théâtre du monde selon Clemenceau. L'architecte et le médecin mélomanes soupent au café Tortoni ou au Castelar et entre deux bouchées de beefsteak premier choix, confèrent du sublime dans la musique allemande, qui embrasse tous les sens et se rapproche de l'infini. Sassen, amateur de variétés mexicaines, entraîne parfois son ami avec Fritsch dans les cabarets ou au Fantasio d'Olivos, son dancing fétiche, fréquenté par producteurs et actrices. Un jeu de rôles : Fritsch paie, Gregor reluque des sirènes aux cheveux d'Indien, Sassen boit, danse, tripote, des *yeguas* – des juments – et des *potrancas* – des pouliches –, pendant que sa femme et ses fillettes se languissent à la maison. Deux fois par semaine, le mercredi et le samedi, Gregor va voir une *lechera*, une tailleuse de pipes, dans un club tamisé sur Corrientes, encore une suggestion de Sassen. À ces filles dociles, Gregor interdit de toucher sa peau, sa queue seulement, pas de baisers, aucune intimité, il paie, gicle et s'en va.

Quand il fait trop chaud à Buenos Aires, ils passent leurs fins de semaine dans la pampa, chez Dieter Menge, un ancien pilote, autre ami de Rudel, qui a fait fortune en recyclant de la ferraille et possède une grande estancia bordée d'eucalyptus et d'acacias. Un buste d'Hitler égaie le jardin, une croix gammée en granit orne le fond de la piscine. Chez Menge, les soirées s'étirent, l'air est transparent et les hommes sont soudés par le métier des armes, l'épreuve du feu, les certitudes. Les nazis en bras de chemise boivent de la bière et du schnaps, grillent des quartiers de bœuf, un cochon de lait, rotent et parlent de la patrie lointaine et de la guerre, Gregor n'est pas très loquace, mais Sassen excelle à ce petit jeu, fiévreux, il imite le fracas des obus et le hurlement des projectiles, réveille les vagues de feu, le souvenir des visages noircis et des uniformes en guenilles des divisions sibériennes de Staline. Tous les 20 avril, Menge et sa bande organisent une procession aux flambeaux pour l'anniversaire du Führer. Parfois, Rudel emmène un nouvel arrivant en terre promise. Ainsi Wilfred von Oven, ancien proche collaborateur de Goebbels, ou un visiteur prestigieux de passage, comme le SS à la balafre Otto Skorzeny qui, shooté aux méthamphétamines, a enlevé à bord d'un planeur Mussolini assigné à résidence dans les Abruzzes après le débarquement allié dans le sud de l'Italie. Reconverti en trafiquant d'armes, Skorzeny prétend avoir séduit Evita lors de l'étape espagnole de sa tournée arc-en-ciel, « bang-bang, une sacrée cochonne, la señora Perón », trompette-t-il : Fritsch ricane, Sassen porte un toast au Reich et à l'Argentine, où les nazis ont la vie si douce.

À la mi-mars 1951, Menge convie la horde sauvage à l'estancia. Rudel, Malbranc, Fritsch, Bohne, Sassen, Haase, tous viennent fêter les quarante ans de leur copain Gregor. Ils ont un cadeau pour lui. Une gravure mythique de Dürer : Le chevalier, la Mort et le Diable.

## 19.

MacArthur relevé de son commandement en Extrême-Orient, le front se stabilise. Perón enrage, la sortie de l'âge du centaure et la Troisième Guerre mondiale sont reportées. Ses ambitions grandioses passent désormais par une réélection triomphale. Alors, il muscle son régime : la diffamation des autorités est interdite, les principaux quotidiens censurés, La Prensa fermée, expropriée et transformée en organe de la CGT. Les effectifs militaires doublent, la propagande s'intensifie ; des dissidents sont jetés en prison, des parlementaires se réfugient à Montevideo. Et Perón enrôle la dame de l'espérance pour s'assurer la plus large des victoires : il propose à sa femme de devenir la vice-présidente de son prochain mandat.

Une file interminable attend chaque jour Evita au ministère du Travail et devant sa fondation dont le budget a décuplé. Les gens se battent pour échanger quelques mots avec elle ou seulement croiser son regard. Frôler sa main, c'est toucher le Christ, la plus généreuse des déesses : jamais Evita n'a offert tant de maisons, de médicaments et de vêtements aux miséreux d'Argentine, jamais elle n'a consenti à tant de sacrifices, comme si ses jours étaient comptés, elle ne dort plus et s'active sur tous les fronts, comme si le régime était menacé, elle fait cacher des armes et envisage de créer une milice privée de travailleurs à sa solde.

Buenos Aires se couvre d'affiches à son effigie. Sur l'obélisque, avenue du 9 Juillet, pendent d'immenses banderoles appelant à voter « Perón – Eva Perón, la formule de la patrie ».

Le 22 août 1951, des centaines de milliers d'Argentins, l'insigne péroniste au revers de leurs vestes, convergent vers l'avenue la plus large du monde, là où les époux doivent officiellement annoncer leur candidature. Perdus dans l'océan humain, Rudel et Gregor ont les yeux rivés vers la tribune officielle et vers Perón, béat, gominé, les bras en croix. Soudain, une immense clameur : Evita apparaît. Elle envoie des baisers à ses fidèles qui s'agenouillent et pleurent, jettent une myriade de confettis des balcons alentour, tandis que comme au stade, des flambeaux, des drapeaux, des mouchoirs et des feux de Bengale saluent l'arrivée de l'idole.

Lorsque le secrétaire général de la CGT demande à la foule de la proclamer candidate à la vice-présidence, Evita se blottit dans les bras d'*el líder*, balbutie, demande quatre jours de réflexion. Consternation. La foule gronde. Evita supplie : « Un jour ? » La foule trépigne. Evita implore : « Quelques heures alors ? » Pas question. Pendant dix-huit minutes, le chœur scande son nom et *ahora, ahora,* maintenant! Evita chancelle, éclate en sanglots et annonce qu'elle communiquera sa décision le soir même, à la radio.

Rudel et Gregor s'en vont, la plaisanterie a assez duré. Les *bombos,* les grosses caisses, leur cassent les oreilles; la *negrada,* la racaille des faubourgs ouvriers de Buenos Aires qui les encercle, leur répugne: jamais un cirque pareil n'aurait été concevable en Allemagne au temps du Führer. Le meeting ressemble à la dictature d'opérette de Perón, se disent les deux nazis, et aux Argentins, «les rois du psychodrame qui obéissent aux ordres sans les exécuter. Qui ne sait pas obéir ne saura jamais commander».

Enfin extirpés de la masse, Rudel confie à Gregor une rumeur ultra-confidentielle: Evita serait malade, très malade même. «Si c'est vrai, notre ami est foutu.»

Le justicialisme péroniste ne tient pas ses promesses. Les trottoirs du centre de Buenos Aires sont toujours défoncés; les trains n'arrivent pas à l'heure; Perón dépense sans compter et brasse du vent; en Patagonie, Richter l'a roulé en engloutissant des centaines de millions de pesos sans produire un watt d'électricité nucléaire; l'économie argentine titube et fabrique des babioles: Rudel et Gregor y voient l'influence néfaste du christianisme. Perón n'agit pas avec la brutalité qui convient parce qu'il reste entravé par des inepties judéo-chrétiennes, la compassion et la pitié, toutes formes de sentimentalisme dont le nazisme s'était débarrassé.

Gregor méprise la coterie catho-fasciste qui entoure *el líder,* des hommes faibles et des tigres sans dents, comme

Daye, ce fanfaron qui prétend avoir pris le thé avec Hitler et le shah d'Iran. Son mouvement d'unité populaire internationale : du bla-bla. Sa Troisième Guerre mondiale : un fantasme d'enfant. À présent, Daye déprime en écrivant ses mémoires, le fils Mussolini se lance dans l'industrie textile et Sabiani, l'ancien maire de Marseille, noie sa solitude dans l'alcool. À l'annonce de la mort du maréchal Pétain quelques semaines plus tôt, ils se sont tous rassemblés pour une veillée funèbre en la cathédrale de Buenos Aires.

Ces hommes sont finis. Ils sont tournés vers le passé tandis que les nazis de Buenos Aires scrutent l'avenir.

L'Allemagne.

## 20.

Ils ambitionnent de reconquérir l'Allemagne. Les hommes du cercle Dürer ne croient pas à la « démocratie » imposée par les Alliés. Leur patrie adorée n'a pas changé d'un coup de baguette magique, c'est impossible. Ils suivent l'actualité et la commentent dans leur revue dont le tirage ne cesse d'augmenter, malgré la censure et les interdictions. Ils savent que leurs compatriotes sont nostalgiques de l'Empire wilhelmien et des premières années du Troisième Reich, qu'ils ne croient pas aux « atrocités » perpétrées dans les camps et qu'ils ont crié à la vengeance des vainqueurs après les procès de Nuremberg. Ils en sont convaincus, les Allemands n'ont pas désavoué le nazisme. N'ont-ils pas plébiscité le régime et ses conquêtes ? Vénéré le Führer ? À Fritsch, Sassen et Rudel, Gregor raconte. L'enthousiasme des universitaires et des médecins dans les années 1930. Leur jubilation à se débarrasser des vieilles barbes humanistes et leur aspiration aux changements les plus radicaux. La popularité du darwinisme social et de l'hygiène raciale dans tous les milieux. L'exploitation des prisonniers par les géants de l'industrie dans les camps, les cobayes humains des laboratoires pharmaceutiques, l'or arraché des prothèses dentaires et envoyé à la Reichsbank tous les mois.

Tout le monde a profité du système, jusqu'aux destructions des dernières années de guerre. Personne ne protestait quand les juifs agenouillés nettoyaient les trottoirs et personne n'a rien dit quand ils ont disparu du jour au lendemain. Si la planète ne s'était pas liguée contre l'Allemagne, le nazisme serait toujours au pouvoir.

Les hommes du cercle Dürer croient en sa résurrection. Ils méprisent les réalités triviales de leur nouvelle vie bourgeoise au bout du monde et ne se résolvent pas à vaquer à leurs affaires et à entretenir leurs maîtresses. La défaite a interrompu leur fulgurante ascension. Alors, à trente ans et quelques, Fritsch, Sassen et Rudel décident de poursuivre le combat. Il leur faut agir, rapidement, la patrie est en danger, Adenauer vend l'Allemagne de l'Ouest aux États-Unis et l'intègre à l'Occident tandis que l'Allemagne orientale est pillée par les Soviétiques.

Ils hésitent. Depuis l'Argentine, évaluer les rapports de force n'est pas simple, s'organiser non plus. Doivent-ils former un gouvernement en exil ? Fomenter une révolution en Allemagne ? Renverser Adenauer par un coup d'État ? Les conspirateurs décident de suivre la voie tracée par Hitler vingt ans plus tôt : entrer dans le jeu politique, nouer des alliances, conquérir le pouvoir par les urnes. Les prochaines élections fédérales auront lieu en septembre 1953, Rudel est tout désigné, les Allemands n'ont pas oublié ses exploits.

À l'été 1952, le pilote s'envole pour nouer un partenariat avec les militants nazis du Parti socialiste du Reich. La conjoncture semble propice aux desseins du cercle Dürer, car en Allemagne, un scandale éclate en septembre : dans le cadre des accords du Luxembourg, « rabbi Adenauer », comme dit Rudel, reconnaît la culpabilité des Allemands et engage la République fédérale d'Allemagne à payer des milliards de dollars de réparations à Israël et d'indemnisations aux juifs. Un mois plus tard, le chancelier réussit à faire interdire le Parti socialiste du Reich : Rudel retourne à Buenos Aires et y consulte ses partenaires. Il repart bientôt en Allemagne où le Parti impérial, une formation nationale-conservatrice, l'investit cette fois. Mais déconnecté du miracle économique, le cercle Dürer s'est trompé. À la nostalgie nazie les Allemands préfèrent les vacances en Italie. Le même opportunisme qui les a incités à servir le Reich les pousse à embrasser la démocratie : les Allemands ont l'échine souple et aux élections de 1953, le Parti impérial est balayé.

# 21.

Lorsque Gregor découvre les déconvenues de son cher Rudel, il est en train de croquer un praliné, allongé sur le canapé de cuir marron du séjour spacieux de l'appartement où il a emménagé quelques mois plus tôt, au deuxième étage du 431 rue Tacuari, en plein centre de Buenos Aires. Aux amis du cercle Dürer, il a prodigué des conseils mais il s'est contenté de suivre leurs machinations à distance. Au fond, il n'a jamais été très politique et depuis qu'il est enfant, quoi qu'il prétende, son amour de l'Allemagne ou sa fidélité au nazisme, il n'a jamais pensé qu'à lui, il n'a jamais aimé que lui. Pour l'astucieux Gregor, en cette fin 1953, tout va bien, de mieux en mieux même. Qu'importe si l'Argentine pleure encore la mort d'Evita, d'un cancer du col utérin, et sombre dans la misère, qu'importe si Adenauer a contrarié les entreprises de ses compagnons d'exil, l'essentiel est assuré. Il a gagné l'estime de ses pairs et ses petites affaires prospèrent : Gregor s'amuse et s'enrichit.

Il dirige une charpenterie et une fabrique de meubles financées par l'intarissable manne familiale, pratique des avortements clandestins et vante la robustesse légendaire des machines agricoles Mengele aux fermiers des provinces du Chaco et de Santa Fe. Le clan investit l'Amérique du Sud et tour à tour débarquent à Buenos Aires son frère Alois et sa femme, le fidèle Sedlmeier à plusieurs reprises, bientôt Karl senior, le patriarche vieilli et redoutable, nazi quand il avait bien fallu, en mai 1933, aujourd'hui maire adjoint sans étiquette de Günzburg. La venue de Karl senior tracasse Gregor. Son père lui a toujours reproché son mariage avec cette « traînée d'Irene » et de ne pas s'être engagé dans l'entreprise florissante qu'il a bâtie de toutes pièces, elle compte plus de six cents salariés lorsqu'il rend visite à son fils aîné.

Chez Gregor, Karl senior s'attarde sur la gravure de Dürer et caresse Heinrich Lyons, « une bête bien dressée », et c'est tout. Aucune chaleur, nulle effusion. Fidèle à lui-même, le chevalier d'industrie consacre toute son énergie à ses affaires, à Buenos Aires comme à Günzburg. Gregor lui sert d'interprète lorsqu'il rencontre des businessmen argentins, sans préciser qu'il est son fils, et l'introduit auprès de certains de ses amis haut placés. Il est très fier de lui présenter Klingenfuss, ancien diplomate du département juif des Affaires étrangères, une huile de la chambre de commerce germano-argentine désormais, et von Neurath, qui vient de prendre la direction de la filiale argentine de Siemens. Un partenariat est noué avec Orbis, une entreprise de cuisinières et de fours à gaz prometteuse dirigée par un nazi de Dresde, Roberto Mertig. Le succès et le patriotisme de Mertig, dont les employés sont tous allemands, séduisent le patriarche Mengele. Lorsqu'ils se quittent, le père et le fils se promettent de se revoir bientôt, en Europe, qui sait ?

Le Paraguay est l'autre terrain de chasse des Mengele. Comme le lui a intimé son père, Gregor y passe de plus en plus de temps, avec Rudel, qui a pansé ses déboires électoraux en gravissant le volcan Llullaillaco, et les Haase : l'épouse paraguayenne du mélomane est la fille du ministre des Finances du général Stroessner, à la tête du pays depuis le coup d'État de mai 1954.

Accompagné d'Heinrich Lyons et de ses catalogues d'équipements agricoles, Gregor sillonne les campagnes luxuriantes de l'île entourée de terres, les forêts de palmiers, les plateaux dénudés du grand Chaco, les champs de maté et de coton ; il rend visite aux éleveurs de bétail, aux communautés mennonites et aux descendants des pionniers fanatiques de Nueva Germania. Déjà, dans tout le pays, il a noué de précieuses relations. Haase lui présente Werner Jung, un ancien dirigeant des Jeunesses nazies paraguayennes, et grâce à Rudel, il devient l'ami d'Alejandro von Eckstein, baron balte en exil, capitaine de l'armée de Stroessner et frère d'armes du dictateur. Ensemble, dans les années 1930, ils ont terrassé les Boliviens, lors d'une guerre du désert absurde car malgré les allégations du grand état-major, il n'y avait pas une goutte de pétrole dans le Chaco.

Gregor se dit que le Paraguay constituerait un bon refuge si l'Argentine venait à s'écrouler. Un attentat a failli coûter la vie à Perón en avril 1953, la conjoncture se dégrade, l'inflation explose, les métallos entrent en grève, les salaires dégringolent. Comme un gamin au commande d'un avion, *el líder* appuie sur les leviers de commande de l'économie argentine au gré de ses humeurs capricieuses. Depuis la mort d'Evita dont il a fait embaumer le corps, Perón est désorienté. Dans sa résidence d'Olivos, il se goinfre de raviolis et reçoit régulièrement de très jeunes filles à qui il apprend à rouler à mobylette. Nelly, sa nouvelle compagne, a treize ans ; quand elle est sage, il l'autorise à porter les bijoux d'Evita. La presse lui prête une aventure avec Gina Lollobrigida tandis que l'Église s'émeut des orgies présidentielles. Tout le monde le surnomme *el Pocho*, le gros.

Gregor l'a constaté de lui-même, Perón a de vilaines poches de graisse sous les yeux. Au cours de la courte audience qu'il leur a accordée quand Sassen et Rudel ont fini par tenir leur promesse, le président, comme absent, jouait avec ses caniches pendant que les trois nazis le contemplaient admiratifs. Avec Gregor, il n'a échangé que quelques mots. Son grand-père avait été médecin et lui aussi aurait bien voulu suivre des études de médecine, mais pour le plus grand bonheur des Argentins, la main de Dieu l'avait guidé vers l'école militaire. Perón les a congédiés ensuite d'un ample mouvement de bras, déjà s'annonçait son nouveau favori, le frère Tommy, un guérisseur américain.


## 22.


Toujours élégamment vêtu et d'humeur badine, Gregor jouit d'une bonne réputation au sein de la communauté allemande de Buenos Aires. Considéré comme une pointure intellectuelle, il ponctue ses phrases de citations de Fichte et de Goethe. Les femmes louent sa courtoisie presque cérémonieuse et sa culture germanique remarquable. Dans la communauté, il n'y a qu'un homme sur lequel son charme n'opère pas. Sassen le lui a présenté un jour que Gregor déjeunait à l'ABC, dans son box habituel, sous le blason de la Bavière. Lorsqu'il a salué ce type dégarni et mal fagoté, il a su immédiatement qu'ils ne pourraient pas s'entendre. La main de Ricardo Klement était moite, son regard oblique, protégé par d'épaisses lunettes de guingois.

Ce jour-là, Sassen n'a pu s'empêcher de révéler aux deux intéressés leur véritable identité. Adolf Eichmann, je vous présente Josef Mengele; Josef Mengele, voici Adolf Eichmann. Au second, le nom du premier ne dit rien. Des capitaines, des médecins SS, le grand ordonnateur de l'Holocauste en a croisé des centaines et des milliers. Mengele est un exécuteur des basses œuvres, un moustique aux yeux d'Eichmann qui le lui fait bien sentir, lors de cette première rencontre, prenant soin de lui rappeler son éblouissant parcours au sommet des arcanes du Troisième Reich, le poids écrasant de ses responsabilités, sa puissance : «Tout le monde savait qui j'étais ! Les juifs les plus riches me baisaient les pieds pour avoir la vie sauve. »

Avant de gagner l'Argentine, Eichmann s'est lui aussi caché dans une ferme, au nord de l'Allemagne. Il y a travaillé comme forestier et élevé des poulets. Ensuite, à Tucumán, il a dirigé une équipe d'arpenteurs et de géomètres de la Capri, l'entreprise d'État fondée par Perón pour recycler ses nazis et construire, éventuellement, des usines hydroélectriques. En 1953, la Capri a fait faillite ; Eichmann, son épouse et leurs trois garçons se sont installés à Buenos Aires, rue Chacabuco, dans le quartier d'Olivos.

Gregor s'emploie à éviter les Klement mais depuis qu'il a emménagé dans le même quartier début 1954, une belle maison mauresque en rez-de-jardin, 1875 rue Sarmiento, il les rencontre souvent, les gamins notamment, toujours accoutrés en gauchos, comme un jour de carnaval. Eichmann est une bête de foire, conviée aux réunions à bord du *Falken* et aux parties de campagne chez Menge, la nazi society semble envoûtée par son aura maléfique. Lorsque Sassen lui parle, on dirait qu'il accède à Himmler, à Goering et à Heydrich réunis dont Eichmann se vante d'avoir été l'intime. Partout où il va, dans les cercles nazis, Eichmann s'enivre, joue du violon, fait son cinéma. Il se présente en grand inquisiteur et en tsar des juifs. Il a été l'ami du grand mufti de Jérusalem. Il disposait d'une voiture officielle et d'un chauffeur pour terroriser l'Europe à sa guise. Les ministres lui couraient après et s'écartaient à son passage. Il a goûté aux plus belles femmes de Budapest. À ses admirateurs, en fin de soirée, il lui arrive de dédicacer des photos : « Adolf Eichmann, SS-Obersturmbannführer à la retraite ».

La quête de notoriété d'Eichmann exaspère Gregor, si prudent depuis son arrivée : il n'a révélé sa véritable identité et la nature de ses activités à Auschwitz qu'à ses rares intimes. À tous les autres, il donne une version très évasive de son parcours : médecin militaire, allemand, parti au Nouveau Monde changer de vie. À mesure qu'il le croise, Gregor méprise l'ancien commerçant inculte, le fils de comptable qui n'a pas achevé ses études secondaires et jamais connu l'épreuve du front. Eichmann est un pauvre type, un raté de première, même la laverie qu'il a ouverte à Olivos a déjà fermé, et c'est un homme de ressentiment qui jalouse sa jolie maison, sa vie de célibataire et sa nouvelle voiture, un superbe coupé allemand Borgward Isabella.

Eichmann n'en pense pas moins. Gregor ou Mengele, peu lui importe, est un fils à papa froussard : une sous-merde basanée.

## 23.

Gregor retire la photo du cadre et la brûle à une fenêtre, bientôt il ne reste du portrait qu'un petit amas de cendres. Une bourrasque les disperse dans l'air tiède de Buenos Aires. Irene exige le divorce afin d'épouser le marchand de chaussures de Fribourg. Gregor appelle Haase et Rudel, il lui faut un bon défenseur argentin qui entrera en contact avec son avocat à Günzburg. L'argent n'est pas un problème mais il veut multiplier les intermédiaires, les paravents, et il ne fera aucune fleur à son ex-femme. Le divorce est prononcé à Düsseldorf, le 25 mars 1954.

«Une excellente nouvelle, lui écrit sèchement Karl senior, enfin tu nous débarrasses de cette garce. Tu vas cesser de ruminer sa reconquête, à ton âge, c'est indécent.» Le divorce satisfait le patriarche Mengele qui a un plan machiavélique en tête. Un coup à trois bandes : sa chère entreprise, Josef, et une autre chipie qui le tracasse, Martha, veuve de Karl junior et héritière des parts de l'entreprise de son mari décédé. Depuis quelque temps, Martha est amoureuse : Karl senior craint qu'elle ne se marie avec l'étranger qui entrerait forcément au conseil d'administration. Il propose à Josef d'épouser sa belle-sœur afin que la société reste aux mains du clan Mengele, puis de céder toutes ses parts à Martha après leur mariage : si un mandat d'arrêt était finalement lancé contre lui, l'entreprise ne serait pas paralysée. Quoi qu'il arrive, Josef dicterait à Martha ses décisions au conseil d'administration.

Allongé sur un transat, dans le jardin de la maison mauresque, Gregor bénit le génie de son père et jubile à l'idée de prendre la veuve de son frère honni, du désarroi et de la colère d'Irene lorsqu'elle apprendra que lui aussi se remarie, avec Martha de surcroît, Martha qu'elle n'a jamais pu supporter.

Karl senior suggère à Josef de rencontrer sa belle-sœur dans les Alpes suisses. «Tu voyageras avec un passeport argentin sous ta fausse identité. Tu connais suffisamment de monde à Buenos Aires pour t'en procurer un sans difficultés. Je ramènerai Martha à la raison et m'occupe de tout le reste, les billets, le séjour, les transferts. Et je

m'arrangerai pour que Rolf l'accompagne. Il est temps
que tu fasses la connaissance de ton fils. »

## 24.

Gregor entreprend ses démarches administratives au
printemps 1955. Malgré ses relations et ses liasses de
dollars, elles seront longues, la bureaucratie péroniste est
un labyrinthe et comme Gregor ne possède qu'une carte
de séjour, il doit rassembler un dossier consistant (recom-
mandations, garanties, attestations de bonne conduite,
certificats conformes) avant d'être autorisé à solliciter un
passeport de non-citoyen. Il l'attendra un an ou presque :
entre-temps, l'Argentine a basculé dans la violence et la
contre-révolution.

Le 16 juin 1955, les « gorilles », militaires anti-
péronistes, bombardent le palais présidentiel et la place
de Mai. Perón échappe au putsch mais ses jours à la
tête de l'Argentine sont comptés. L'Église, refuge de
tous les opposants, veut sa peau : il a supprimé les sub-
ventions aux écoles religieuses, légalisé le divorce et la
prostitution, encouragé la prolifération des sectes sous
l'influence du frère Tommy. « Perón, oui ! Curés, non ! » :
manifs et contre-manifs se succèdent, Perón l'antéchrist
fait emprisonner des prêtres, l'Église l'excommunie, des
chapelles sont saccagées, l'hiver austral de l'anarchie a
commencé. Pour chaque péroniste tué, *el Pocho* jure

de faire assassiner cinq de ses ennemis. En septembre, lorsque Gregor a enfin réussi à valider sa «bonne conduite», les rumeurs d'un coup d'État courent, des mutineries embrasent Córdoba et le port de Bahía Blanca. Le 16, la Marine bloque Buenos Aires et menace de bombarder les raffineries. «Dieu est juste» est le mot de passe des putschistes.

L'Argentine au bord de la guerre civile, Perón démissionne. Il jette au feu ses dossiers les plus compromettants et pour éviter de finir pendu à un réverbère comme son mentor Mussolini, il embarque à bord d'une canonnière paraguayenne qui gagne Asunción. Une junte militaire dirigée par un général alcoolique prend le pouvoir. Quelques semaines plus tard, le général est déposé par un général, l'implacable Aramburu, qui promet de purifier l'Argentine de toute trace de péronisme.

Posté devant son meuble radio, Gregor écoute la voix martiale d'Aramburu qui martèle : «Sera passible d'une peine de six mois à trois ans de prison, toute personne qui aura disposé en un lieu visible des images ou des sculptures de lui, le tyran fugitif, et de sa conjointe défunte, prononcé en public des mots ou des expressions tels que Perón, péronisme, troisième voie et vanté les mérites de la dictature tombée...» Au nom de la révolution libératrice, les leaders syndicaux sont arrêtés, des milliers de fonctionnaires révoqués. Tous les lieux (villes, quartiers, provinces, rues, gares, places, piscines, hippodromes, stades, dancings) aux noms des Perón sont débaptisés ;

les petites Evita changeront de prénom. La fondation est fermée, ses draps brûlés, ses couverts fondus, les statues déboulonnées, les mobylettes et les parures exhibées pour montrer le vice et la cupidité du couple déchu. La momie d'Evita disparaît. Borges est nommé directeur de la Bibliothèque nationale et professeur à la faculté de lettres de Buenos Aires. Perón trouve refuge au Panama, un exil doré, cabarets, cigarettes, whisky, jolies pépées, et s'amourache d'une danseuse, María Estela Martínez, bientôt sa troisième épouse, qu'il rebaptise Isabel.

Leur protecteur envolé, les nazis s'inquiètent. Aramburu a promis de casser les reins des profiteurs de l'ancien régime. Plusieurs entreprises à capitaux allemands doivent fermer. La police perquisitionne le domicile de Rudel à Córdoba et l'assigne à résidence. Bohne et d'autres criminels de guerre quittent l'Argentine, Daye consigne dans son journal que «les douleurs de l'exil sont acides», Gregor songe à fuir au Paraguay mais se ravise: il s'est tenu à l'écart de la politique et n'a jamais appartenu au premier cercle de Perón, après tout, il n'est qu'un honnête entrepreneur. Il suspend ses interruptions illégales de grossesses et attend la fin de l'orage. Aramburu admirerait lui aussi les traditions militaires prussiennes, il pourrait s'entendre avec les nazis.

Gregor finit par obtenir un passeport, valide trois mois. Il s'envole le 22 mars 1956 à bord d'un DC-7 de la Pan Am et gagne Genève après une courte escale à New York.

## 25.

Sedlmeier l'attend à l'aéroport et le conduit jusqu'à Engelberg, à l'hôtel Engel, le meilleur quatre étoiles de la station de sports d'hiver.

À la réception l'accueillent deux garçons de douze ans et une brune attirante : Martha, son fils Karl-Heinz, et son propre fils Rolf.

## 26.

Dans la salle de bains, Martha chantonne devant le miroir pendant que l'eau coule dans la baignoire. Les mains derrière la nuque, Gregor déchaussé entend les clapotis, la femme joyeuse, allongé sur le lit de la chambre attenante où crépite un feu de cheminée. Il regarde la neige tomber et sourit d'aise. Son séjour en Suisse est idyllique, l'air pur des montagnes le revigore. Martha l'a présenté aux enfants comme l'oncle Fritz d'Amérique. À Rolf, tout petit, on a raconté que son père Josef était mort au combat peu après sa naissance, en Russie.

Rolf et Karl-Heinz sont des garçons ponctuels, attentifs et reconnaissants qui se tiennent droits à table et ne parlent que lorsque Mengele-Gregor-Fritz leur en donne l'autorisation. Ils l'admirent : l'oncle Fritz est un skieur émérite depuis son service militaire dans les chasseurs alpins, et ils raffolent de ses histoires. Au dîner, en promenade, à la veillée, ils le pressent de raconter, Karl-Heinz veut des récits de combats de tanks, de bravoure et de camaraderie dans les steppes poussiéreuses de Russie; Rolf l'épopée andine de San Martín, des aventures de gauchos et d'Indiens Pampas, «au bord du Rio de la Plata, le fleuve de boue qui tel un serpent ondule jusqu'aux baleines bleues de l'océan». L'oncle Fritz parle de la conquête du désert argentin, du «triomphe de la civilisation sur la barbarie sauvage comme nous les Allemands l'avons fait dans les territoires de l'Est pendant la guerre. N'oubliez jamais, les enfants, les Germains étaient plus talentueux que les Grecs et plus forts que les Romains».

Gregor observe son fils dès qu'il en a l'occasion. Rolf a les mains et le nez de sa mère, ses yeux voilés de mélancolie, sa beauté timide et sa candeur, il a moins d'assurance que Karl-Heinz qui le dépasse d'une tête et skie beaucoup mieux que lui. Karl-Heinz est un petit homme, Rolf encore un enfant. Pompier, cosmonaute, ingénieur, il n'a pas idée de ce qu'il fera plus tard et change d'avis tous les jours. À son âge, Gregor était plus résolu.

Il ranime le feu engourdi puis se rallonge, en songeant au garçon qu'il fut. Il ne lâchait pas le microscope que son père lui avait offert pour ses dix ans, convaincu que Josef Mengele serait un jour aussi célèbre que ses idoles d'antan, le médecin Robert Koch, l'empereur de la bactériologie, et August Kekulé, le découvreur de la tétravalence du carbone et de la formule développée du benzène. Très tôt, il avait compris que le médecin et le chercheur seraient les prêtres et les vedettes du vingtième siècle. Il se souvenait de Serge Voronoff qui avait défrayé la chronique en greffant des testicules de jeunes chimpanzés sur des patients âgés fortunés dans sa clinique de la Côte d'Azur, des exploits dont la presse avait fait ses choux gras dans les années 1920. Voronoff était un charlatan mais l'Allemagne bel et bien le paradis de la médecine moderne, de la science ; la biologie, la zoologie et l'aspirine, le microscope, les laboratoires étaient des inventions allemandes. Il ne moisirait pas à Günzburg sous l'emprise paternelle, à quinze ans il l'avait déjà décidé. Mais de Karl senior, il avait hérité la ténacité, la malice et l'ambition, et de sa mère Walburga, la froideur et le cœur sec, le cœur atrophié.

Gregor se revoit étudiant, à Munich, à Vienne, à Francfort, une époque grisante, les années 1930, celles du grand basculement. Pendant que ses condisciples se battaient en duel, buvaient et jouaient les gros bras chez les SA, il avait travaillé très dur et son labeur avait payé, les plus hautes sommités l'avaient repéré : Eugen Fischer, l'illustre eugéniste qui avait assisté aux massacres des pasteurs héréros et namas en Namibie, au début du siècle, et le professeur Mollinson, expert de l'hérédité et de l'hygiène raciale, son directeur de thèse (« recherche morphologique raciale sur la section de la mâchoire inférieure de quatre groupes raciaux », soutenue *summa cum laude*). Mollinson l'avait recommandé au plus célèbre des généticiens allemands, le baron

73

Otmar von Verschuer, grand spécialiste des jumeaux, dont il était devenu à vingt-six ans seulement l'assistant de recherches et bientôt le favori à l'Institut du Troisième Reich pour la biologie et la pureté raciale, à l'université de Francfort. Quand von Verschuer avait pris la tête de l'Institut Kaiser Wilhelm de Berlin pour l'anthropologie, l'enseignement de l'hérédité humaine et la génétique, il avait envoyé Mengele à Auschwitz, «le plus grand laboratoire de l'Histoire, un insigne honneur pour un jeune chercheur brillant et diligent. Vous y découvrirez peut-être les secrets des naissances multiples». Le baron finançait ses recherches et Mengele lui envoyait régulièrement des prélèvements (moelle, yeux, sang, organes), des squelettes et les résultats de ses expériences. Il n'avait pas chômé pendant ses vingt et un mois au camp. Avec la rigueur qui s'imposait, il avait écumé la rampe, déparasité des centaines de baraques et anéanti plusieurs épidémies de typhus, et son zèle avait encore été récompensé, une croix de fer avec épées accompagnée des appréciations élogieuses de ses supérieurs. Rolf aurait besoin d'être pris en main, se dit Gregor, dans la grande suite avec balcon de l'hôtel quatre étoiles, jamais il ne s'endurcira auprès de sa mère et du marchand de chaussures de Fribourg. Les femmes n'aiment pas les mauviettes, elles préfèrent les hommes virils et déterminés comme lui, il en est persuadé.

Martha l'a senti immédiatement, il est fait d'une écorce plus dure que celle de son frère défunt. Le premier soir, au dîner, pendant que les garçons étaient penchés sur leur assiette, l'oncle Fritz l'a déshabillée du regard. Il s'est attardé sur ses cheveux noirs relevés en chignon, ses lèvres rouges, sa bouche chevaline, et lorsqu'elle s'est levée pour aller aux toilettes, il a longuement toisé sa croupe bien en chair, une légende de Günzburg, la démarche ondulante de Martha Mengele, née Weil, un hasard malheureux. Elle n'a pas la distinction d'Irene ni son allure éthérée mais, à l'hôtel Engel, Gregor s'est juré de ne plus penser à son ex-femme, de ne plus jamais comparer. Martha a du tempérament et des convictions, Rolf et Karl-Heinz lui obéissent, c'est une nazie convaincue, une mère attentionnée, et à défaut d'être belle, une femme sensuelle de trente-cinq ans. Par-dessus tout, elle est la veuve de Karl junior : lorsque Gregor lui a retiré son soutien-gorge festonné, la deuxième nuit, il a eu le sentiment merveilleux de donner l'ultime coup de grâce à son frère, de l'enterrer une seconde fois. « Si seulement il me voyait ramoner sa femme », grimace-t-il en sautant du lit.

Il se déshabille et entre dans la salle de bains. Martha l'attend dans la baignoire.


## 27.


La Mercedes de Sedlmeier ronronne devant l'hôtel. Martha et les garçons rentreront en train, Gregor en voiture avec son ami. Il n'a plus revu Günzburg depuis novembre 1944.

À mesure qu'ils franchissent les cols enneigés, Gregor se contracte, le déjeuner sur les berges du lac de Constance n'y change rien, son pouls s'accélère, et lorsqu'à la nuit tombée, il reconnaît la boucle du Danube à l'entrée de la ville, le château Renaissance, l'église baroque, il demande à Sedlmeier de se taire, il ne se sent pas bien.

Le revoilà dans la grande maison grise de son enfance. À part la peinture à l'entrée et les urnes de sa mère et de son frère posées sur le rebord d'une cheminée, rien n'a changé. Gregor retrouve les boiseries sombres, la console Biedermeier, le phonographe de la salle à manger où il dîne avec Sedlmeier, son frère et son père, qui a donné congé à la gouvernante et à la cuisinière comme il l'a exigé. Gregor les remercie. L'hôtel était sublime, les garçons éclatants de santé, Martha formidable, le plan a fonctionné, il l'épousera, volontiers, mais il se rembrunit aussitôt, il n'aurait pas dû venir à Günzburg. Que va-t-il y faire? Porté disparu depuis la fin de la guerre, Josef Mengele ne va pas parader sur l'Augsburger Strasse! Et pourquoi pas devant l'usine, tant qu'il y est! Tout le monde va le reconnaître, les gens causent et la ville n'est pas grande, ce serait un risque insensé.

Karl senior essaie de le rassurer. Günzburg lui appartient, l'entreprise est un petit empire et de très loin le plus gros employeur de la cité, personne n'oserait dénoncer le fils du patron, à qui d'ailleurs? Il n'est même pas recherché en Allemagne, aucun mandat d'arrêt n'a été délivré: «Ça suffit Josef, tu es toujours aussi timoré, c'est chez toi ici, tout de même! Les gens gardent de bons souvenirs de toi et me parlent souvent de tes brillantes études. Monsieur Globke ne se pose pas tant de questions lorsqu'il entre chaque matin à la chancellerie dans son bureau de secrétaire d'État. Tout le monde sait qu'il a commenté les lois de Nuremberg et imposé aux juifs les prénoms d'Israël et de Sarah. Et alors? On s'en fiche, Adenauer le premier, comme on se fiche de savoir où tu étais pendant la guerre! Tu as fait ton devoir, un point c'est tout. » Alois tente de calmer Karl senior, amoindri ces derniers mois. Et confirme à Josef que leur père n'a jamais été aussi puissant et aimé de ses employés, il sera même citoyen d'honneur d'ici peu. « Sans nous, Günzburg s'effondre. Nous finançons la construction de nouveaux logements sociaux, d'un hôpital et d'une piscine. Père prévoit de distribuer des saucisses à tous les enfants pour fêter ses soixante-quinze ans. »

Gregor ne trouve pas le sommeil. Ces dix jours de sports d'hiver l'ont ramolli, il est en train de relâcher ses défenses, de se jeter dans la gueule du loup, il le pressent. Même s'il ne quitte pas la maison de la semaine, le pire peut arriver à tout moment. Son nom figure bien sur une liste de criminels de guerre, impossible de faire confiance à qui que ce soit, sa famille n'y comprend rien. Demain, c'est décidé, il rendra visite à un camarade de la division Viking, à Munich, un pharmacien chez qui il s'est caché un mois avant de partir à la ferme, après avoir récupéré ses notes et ses échantillons en zone soviétique, au début de sa cavale. L'anonymat d'une grande ville est préférable.

Il ira en voiture, Sedlmeier louera une banale Opel au nom de Gregor. Ensuite, si tout se passe bien, il passera quand même quelques jours à Günzburg : l'Argentine, le Paraguay, bientôt peut-être le Chili, il doit parler affaires avec le clan.

Gregor peste au volant en écoutant les informations. La Bundeswehr va participer à des manœuvres de l'Otan, un prêtre se félicite de la création d'un cercle d'amitié judéo-chrétienne à Francfort, la mission commerciale israélienne de Cologne accueille un nouveau directeur. Et ce maudit jazz : Gregor cherche une station qui diffuse de la musique classique. Il se penche sur l'autoradio, triture les boutons une seconde ou deux, et emboutit l'auto qui a pilé devant lui.

À la conductrice, Gregor accommodant propose de l'argent, son pare-chocs est à peine éraflé, à quoi bon rédiger un constat, il pleut, ne perdons pas de temps. La dame emmitouflée dans un manteau de fourrure refuse, la loi est la loi, « nous sommes en Allemagne, un pays civilisé ». La BMW argentée de son mari sort du garage. Gregor insiste, ajoute trente marks au panier. Elle sort une liasse de documents de sa boîte à gants ; lui, agressif, menace de s'en aller, elle, d'appeler la police, des badauds s'approchent, un homme en pardessus note le numéro d'immatriculation de l'Opel, et soudain une patrouille apparaît. Étonné par ses papiers argentins et son lourd accent bavarois, l'officier demande à Gregor de ne pas quitter Munich tant qu'il n'a pas vérifié son identité.

Quand les policiers partent enfin, Gregor court vers la première cabine téléphonique. Il tremble en composant le numéro de son père. Deux heures plus tard, une imposante délégation se précipite au commissariat central de Munich. Karl senior, son avocat, le chef de la police de Günzburg et Sedlmeier, une mallette noire à la main, retrouvent l'officier. Ils sortent prendre une bière, palabrent, marchandent, affaire classée.

Le lendemain, Gregor s'envole pour l'Amérique du Sud.

## 28.

Sa vie est en Argentine où Martha et Karl-Heinz vont le rejoindre. À quarante-cinq ans, Gregor a envie de quiétude, d'un nouveau foyer, d'une grande maison pour les accueillir. Il repère une villa californienne au 970 Virrey Vertiz, une rue discrète et boisée de la partie la plus résidentielle d'Olivos, à deux pas du rivage. Il y a des guinguettes sur la plage, un port de plaisance, Martha et Karl-Heinz ne seront pas dépaysés, le coin est superbe et ressemble au quartier du lac Alster, à Hambourg, et de Wannsee, à Berlin.

Malgré sa fortune, Gregor devra emprunter de l'argent pour acheter sa maison et pour mener à bien la nouvelle mission dont son père l'a chargé : investir dans une société pharmaceutique, la Fadro Farm. Mertig, le patron d'Orbis, son partenaire sud-américain, le lui a conseillé, certains de ses amis se sont déjà lancés dans la fabrique de médicaments et la recherche de traitements spécialisés contre la tuberculose. Mais les banques ne prêteront pas un peso à un apatride dont le passeport arrive à échéance d'ici peu. S'il veut s'enraciner et se remarier, Gregor doit recouvrer son identité : redevenir Mengele.

Gregor consulte son cercle d'intimes, comme toujours. En Argentine, il ne risque rien. Les Américains n'ont qu'une priorité, lutter contre les Soviétiques, et les Allemands ne veulent plus rien savoir du nazisme. La guerre est finie. Schwammberger, qui a liquidé plusieurs ghettos en Pologne, a récupéré un passeport, le consulat de RFA ne lui a fait aucune difficulté. Et le nouvel ambassadeur est un type formidable, lui dit Sassen. Werner Junker a été nazi et un proche collaborateur de Ribbentrop au ministère des Affaires étrangères. Il était en poste dans les Balkans et se réjouit de retrouver son copain Pavelić, l'ancien dictateur croate, à Buenos Aires.

Gregor se présente à l'ambassade où il fournit toutes les informations qu'il s'est évertué à dissimuler depuis la fin de la guerre afin de prouver qu'il est bien Josef Mengele. Le chargé des affaires consulaires ne cille pas quand Gregor lui déclare avoir vécu sous une fausse identité depuis son arrivée en Argentine. Il transmet le dossier à Bonn où personne ne consulte les listes des criminels de guerre recherchés. À Munich, Gregor a peut-être paniqué pour rien : la RFA condamne le nazisme mais réintègre ses cadres et ses hommes de main, dédommage les juifs mais laisse leurs assassins vaquer à leurs occupations en Amérique du Sud et au Moyen-Orient. Reconnaissance du droit à l'«erreur politique», amnistie pour les «victimes de la dénazification», cohésion nationale, amnésie générale... Adieu Gregor : en septembre 1956, le consulat d'Allemagne de l'Ouest de Buenos Aires délivre une fiche d'état civil et un extrait de naissance à Josef Mengele.

Il doit maintenant régulariser sa situation auprès des autorités argentines. Il se présente devant la justice et donne ses empreintes digitales à la police. Aucun magistrat ne s'offusque de ses mensonges, il n'y a ni poursuite, ni châtiment, tant d'Allemands retrouvent la mémoire ces derniers temps. *Benvenido, señor Mengele* : en novembre, lui est accordée une nouvelle carte de séjour, numéro 3.940.484, et de retour au consulat, il reçoit un passeport allemand à son nom, Josef Mengele, né le 16 mars 1911 à Günzburg, domicilié au 1875 rue Sarmiento, Buenos Aires, 1,74 mètre, yeux brun vert, entrepreneur et fabricant de meubles et de jouets en bois. Sur la photo qu'il a fournie, une moustache barre son visage olivâtre.

Martha et Karl-Heinz sont arrivés à Buenos Aires. Mengele obtient le prêt et achète la splendide maison convoitée. Attenante à l'ancienne résidence privée de Perón, elle possède un jardin et une piscine. Martha s'inscrit dans l'annuaire et Mengele présente Karl-Heinz comme son fils.

Le pacha s'entoure et s'embourgeoise.

La vie lui sourit.

## 29.

En novembre 1956, Fritz Bauer, le procureur général de Hesse, émet un mandat d'arrêt au nom d'Adolf Eichmann, «où qu'il se trouve». Juif, social-démocrate et homosexuel, Bauer a été interné dans un camp de concentration et exclu de la fonction publique par la Gestapo avant de s'enfuir en Scandinavie. Bauer veut contraindre ses compatriotes à affronter leur passé, depuis qu'il est rentré en Allemagne, à la fin des années 1940.

## 30.

Le monde découvre peu à peu l'extermination des juifs d'Europe. De plus en plus de livres, d'articles, de documentaires sont consacrés aux camps de concentration et d'extermination nazis. En 1956, malgré les pressions du gouvernement ouest-allemand qui demande et obtient son retrait de la sélection officielle du Festival de Cannes au nom de la réconciliation franco-allemande, *Nuit et Brouillard*, d'Alain Resnais, bouleverse les consciences. *Le Journal d'Anne Frank* connaît un succès croissant. On parle de crimes contre l'humanité, de solution finale, de six millions de juifs assassinés.

Le cercle Dürer nie ce chiffre. Il se félicite de l'entreprise d'extermination mais n'évalue qu'à trois cent soixante-cinq mille le nombre de victimes juives ; il dément les meurtres de masse, les camions et les chambres à gaz ; les six millions ne sont qu'une falsification de l'Histoire, une énième manigance du sionisme mondial afin de culpabiliser et d'abattre l'Allemagne après lui avoir déclaré la guerre et infligé des destructions épouvantables, sept millions de morts, ses plus belles cités rasées, la perte de ses terres ancestrales à l'est.

Pour Sassen et Fritsch, un seul homme est capable de rétablir la vérité. Adolf Eichmann. Il a supervisé toutes les étapes de la guerre contre les juifs. Depuis la mort d'Hitler, d'Himmler et d'Heydrich, il est l'expert ultime, le dernier témoin clé. Il connaît les acteurs, les chiffres ; il pourra démentir. Les juifs ont traîné l'Allemagne dans la boue, Eichmann lavera son honneur. Ils ont monté le plus gros mensonge de l'Histoire pour s'emparer de la Palestine mais ils seront désavoués publiquement, leurs masques et ceux de leurs affidés tomberont : le cercle Dürer va ruiner leurs machinations et œuvrer à la réhabilitation de l'Allemagne, à la rédemption du nazisme et du Führer.

Fritsch et Sassen proposent à Eichmann de s'exprimer sur « la pseudo-solution finale ». Ils devraient en faire un livre, les éditions Dürer aimeraient le publier. L'idée enchante Eichmann. Depuis la fermeture de sa blanchisserie, il a travaillé dans une entreprise de produits sanitaires et, faute de mieux, élève désormais des lapins angoras et des poules sous le soleil abrutissant de la pampa. Ses journées sont longues et monotones, il nourrit les animaux, nettoie leurs cages, ramasse leurs excréments et rumine le passé, sa gloire d'antan, sa famille restée à Buenos Aires, son quatrième fils Ricardo Francisco qui vient de naître, un miracle, sa femme a quarante-six ans et lui bientôt cinquante. Il gagne très modestement sa vie. Alors un livre sur son grand œuvre... finis, l'anonymat et les poulets, pareille aubaine ne saurait se refuser. Il va redevenir une vedette et se défendre, lui qui décortique les journaux et la littérature historique sait que son nom est régulièrement cité, à tort, s'offusque-t-il, ses enfants doivent connaître sa vérité. Les Allemands le plébisciteront et sa tribu pourra regagner l'Europe tête haute. D'ici là, Eichmann, Fritsch et Sassen gagneront beaucoup d'argent grâce aux ventes de l'ouvrage.

### 31.

Les sessions d'enregistrement commencent en avril 1957 au domicile cossu du journaliste hollandais. Tous les dimanches, des hommes et des femmes se rassemblent autour du grand ordonnateur de la Shoah, flatté de tant d'attention et ravi de goûter aux cigares et aux whiskys tourbés du maître de maison. Eichmann triture sa bague d'honneur des SS en répondant aux questions de Sassen et de Fritsch, parfois épaulés par des convives aux compétences plus pointues, le grand Bubi von Alvensleben, l'ancien adjudant chef d'Himmler, et Dieter Menge, le pilote chevronné fanatique, propriétaire de la grande estancia où les nazis aiment se retrouver.

Malgré l'insistance de Sassen, Mengele refuse de participer aux sessions. Il n'a pas l'intention d'écouter les fanfaronnades de l'idiot aigri et il met son ami en garde : Eichmann finira par leur attirer des ennuis, son nom circule dans la presse, la justice allemande le recherche, tôt ou tard, s'il ne ferme pas sa grande gueule, elle apprendra qu'il se cache sous le pseudonyme de Klement. Mengele ne veut pas de publicité. Il a mieux à faire. S'enrichir et trousser Martha.

Il revient d'une semaine de vacances au Chili. Avec Rudel, à bord de son petit avion privé, ils se sont posés à Santiago où les attendait un vieil ami du pilote, le « meurtrier de Milan », Walter Rauff (quatre-vingt-dix-sept mille homicides), l'inventeur du camion à gaz, le prototype des chambres dans les camps d'extermination à l'est. Les trois hommes ont exploré les volcans du désert d'Atacama, nagé nus dans des lagunes turquoise et campé sous des ciels limpides et étoilés.

De retour en Argentine, accompagnés d'Heinrich Lyons, Mengele, Martha et Karl-Heinz partent en week-end à Mar del Plata, au bord de l'océan, et à Tigre, la ville aux canaux parsemés d'îlots couverts d'arbres en fleurs, sur le delta du fleuve Paraná et du Rio de la Plata. Ils séjournent au Tigre Hotel où dormirent le prince de Galles et le ténor Caruso. Depuis l'arrivée de Martha en Argentine, Mengele redécouvre à son bras la splendeur de Buenos Aires, admirant la fontaine allemande sur l'avenue Libertador, la tour des Anglais devant la gare de Retiro, ou le lustre Art déco de l'immeuble Kavanagh, place San Martín. Le couple fréquente les théâtres et les concerts, dîne avec les Haase et les Mertig, emmène Karl-Heinz à l'hippodrome de San Isidro. Parmi les élégantes et les parvenus, il fait ses emplettes au grand magasin Gath & Chaves.

La vie est douce en cette année 1957. Mengele goûte aux charmes d'une routine inédite, la supervision des devoirs de Karl-Heinz, les cuisses et les plats de Martha, le shampouinage des chromes de son joujou, le coupé Borgward Isabella, les excursions au bordel avec ce diable de Sassen, mais plus rarement qu'autrefois.

L'avenir s'annonce prometteur, le pire est derrière lui, Mengele se sent en sécurité. Il a vendu son atelier de charpentier pour entrer au capital de Fadro Farm. Il se replonge avec délectation dans les revues médicales et scientifiques, travaille à ses vieilles notes, les complète. Il n'a pas renoncé à une place de professeur d'université ni à l'amélioration génétique de l'espèce humaine et à la gloire.

Pendant ce temps, Sassen et Fritsch poursuivent leurs entretiens avec Eichmann. Six mois durant, «avec l'esprit infatigable de l'Allemand éternel», il monologue, fièrement, parfois ému aux larmes par ses propres récits, par sa réussite – «six millions de juifs assassinés» –, par ses regrets – il n'a pas rempli sa mission, «l'annihilation complète de l'ennemi». À Sassen, à Fritsch, au cercle

Dürer qui ne voulaient pas croire la «propagande enne-mie», Eichmann confirme l'étendue de l'extermination, détaille les tueries de masse, les chambres à gaz, les fours crématoires, les travaux forcés, les marches de la mort, les famines : la guerre totale que le Führer a ordonnée.

Sassen et Fritsch, ces agneaux, croyaient que le nazisme était pur. Ils ne s'attendaient pas aux précisions d'Eich-mann. Ou alors, ils espéraient qu'Hitler avait été trahi et Eichmann manipulé par des puissances étrangères. Six millions, le chiffre les ébranle. Sitôt la fin des enregis-trements, ils prennent leurs distances avec le criminel contre l'humanité. Ils ont abattu leur dernière carte ; ils ont perdu. Sassen garde précieusement les bandes mais les éditions Dürer renoncent à publier le livre. Des agents secrets yougoslaves ont tiré sur Pavelić, qui a dû s'enfuir en Uruguay. Une nouvelle fois, Adenauer a remporté les élections de l'automne 1957. Un Service central d'enquêtes sur les crimes nazis est créé l'année suivante à Ludwigsburg. Le nazisme n'a plus d'avenir en Allemagne : une page se tourne, définitivement.

La revue *Der Weg* disparaît, Fritsch liquide sa maison d'édition et s'installe en Autriche début 1958. Interdit de publication, il devient portier de nuit d'un grand hôtel de Salzbourg.

Sans revenus fixes depuis le départ de Fritsch, Sassen se consacre à sa carrière journalistique sous différents pseudonymes et songe à revenir en Europe : lui aussi aimerait profiter du miracle économique, là-bas.

Saumâtre et frustré, Eichmann n'a pas renoncé à faire entendre sa voix. Il envisage de se présenter devant un tribunal allemand, convaincu que son honneur et sa réputation seraient lavés au terme d'un procès sensationnaliste dont il serait la vedette. Ses fils et ses connaissances l'en dissuadent. Il occupe désormais un emploi subalterne chez Orbis, l'entreprise de Mertig, après la faillite de son élevage de poules et de lapins.

Mengele n'est pas surpris par leur déroute à tous. Qu'il les dédaigne, ces nazis de salon, Eichmann le matamore, Sassen le pornographe sensible et Fritsch le morveux! Lui sait, lui a vu et lui a commis, sans remords ni regrets.

Mengele s'éloigne de Sassen, fuit Eichmann et conseille à tous les nazis de Buenos Aires de l'imiter : «Eichmann est dangereux.»

D'autres projets excitants l'attendent.

## 32.

Le 25 juillet 1958, Josef Mengele épouse Martha Mengele à Nueva Helvecia, en Uruguay. Des noces atones et confidentielles, Karl-Heinz, Rudel et Sedlmeier en sont les seuls témoins, avec les Mertig et les Haase, et les amis venus du Paraguay, Jung, l'ancien dirigeant des Jeunesses hitlériennes reconverti dans les affaires et von Eckstein, le baron balte. Sassen n'a pas été convié, Karl senior, souffrant, s'est résigné à rester à Günzburg,

Alois a préféré honorer sa loge au festival de Bayreuth. Un chauffard a écrasé Heinrich Lyons deux semaines avant la cérémonie. Sitôt les toasts portés et le déjeuner ingurgité (truite fumée et salade de cervelas, goulache de biche, strudel aux quetsches ; riesling de Moselle, 1947), les Mengele confient leur grand fils aux Haase et plient bagage : la route est longue jusqu'à Bariloche.

Martha se pelotonne contre Josef, aux commandes de la Borgward Isabella. La capote siffle, le coupé fend la bise, à la pampa vert épinard succèdent la steppe rocailleuse, des ciels immenses bigarrés d'hirondelles mauves et d'aigles noirs, des kilomètres et des kilomètres de pistes épineuses à travers le pays infini, puis la route s'élève, surgissent des montagnes à triple dentition, des mâchoires de requins, émergent les Andes hirsutes, le Tyrol argentin, et les Mengele longent un lac céleste lavé de neige quand enfin s'esquissent Bariloche et leur palace.

Tout est merveilleux au Llao Llao. Un bouquet de fleurs et des chocolats attendent les jeunes mariés dans leur chambre, démesurée et sobrement meublée, comme il se doit. Leur terrasse offre une vue panoramique des lacs Nahuel Huapi et Moreno qui enlacent la péninsule et la colline où est perché l'hôtel, un écrin de belles bâtisses aux toits pentus, comme une bourgade allemande médiévale, protégée des turpitudes et de l'agitation du monde. Le premier soir, l'agneau de Patagonie, cuit à la broche, est succulent. Martha est heureuse. À l'aube, lorsque la brume s'évanouit, elle frissonne devant tant de beauté,

89

le paysage titanesque, les pitons violacés, les rais de lumière qui transpercent les forêts de hêtres antarctiques et de rouvres enneigés. Josef, qui a le sommeil agité, dort encore, enfoui sous les couvertures.

Leur lune de miel le déconcerte. Jamais il n'aurait pensé tolérer la présence d'une autre femme. Martha est douce et patiente, réceptive à ses considérations sur la chute de Rome, aux longs monologues qui divertissent leurs randonnées, lorsqu'il lui raconte la vie tumultueuse de Wagner et d'Albrecht von Haller, le père de la biologie allemande, le premier à explorer les viscères des animaux. Étrangement aussi, il n'a jamais ressenti autant de désir que pour cette femme à grandes dents et aux doigts boudinés. Martha est une fontaine de jouvence, l'amante maîtresse l'emmène sur des chemins de traverse inconnus. Lorsqu'ils seront de retour à Buenos Aires, il lui offrira une résidence secondaire dans une station balnéaire, au bord de l'océan.

Après-guerre, Bariloche a accueilli un fort contingent de nazis, beaucoup d'Autrichiens, ravis de chausser à nouveau des skis, et un peintre flamand, l'ancien chef de la propagande hitlérienne en Belgique occupée. Des Allemands aussi sont venus. Kops, l'ancien espion d'Himmler que Gregor a croisé à la rédaction de *Der Weg*, y a ouvert un hôtel, le Campana, et la meilleure épicerie-charcuterie de la ville, le *delikatessen* Wien, appartient à un capitaine SS, Erich Priebke, impliqué dans le massacre de trois cent trente-cinq civils aux fosses ardéatines à Rome. Rudel, un visiteur régulier et membre du club andin de la ville, a laissé leurs coordonnées à Mengele.

Tous se retrouvent un soir autour d'une fondue. Rauff a traversé la frontière chilienne pour féliciter les jeunes mariés. Les nazis parlent du bon vieux temps, pour la énième fois, et se souviennent de Richter, le savant atomique qui a bluffé Perón et englouti ses millions dans les réacteurs factices de son laboratoire secret sur l'île d'Huemul, tout près d'ici, au large de Bariloche. Les anecdotes fusent, les verres tintent, Kops annonce qu'un gigantesque complot judéo-maçonnique se trame à la Maison Blanche et au Kremlin. Mengele bâille et enlace Martha. Il préfère le sexe palpitant de son épouse à cette compagnie virile qui exhale la mauvaise eau-de-vie.

Le lendemain, Martha et Josef grimpent et cheminent à travers clairières et futaies. Leurs pas crissent sur la neige qui tombe à gros flocons et ils s'arrêtent déjeuner sur un promontoire d'où ils devinent la vallée en contrebas. Mengele est au bord du précipice lorsqu'un soleil timide perfore la masse cotonneuse et que se dévoilent les sommets des glaciers, les lacs bleus, la nature enchanteresse. Pris de vertige, tel le voyageur contemplant une mer de nuages peint par Caspar David Friedrich, il écarte les bras, éclate de rire. Sa poitrine se dilate, son sang gronde, il en distingue les pulsations aux tempes, Martha lui parle mais il ne l'entend pas, absorbé par ses méditations, si heureux, si fier, dans ce monde de ruines et de vermines déserté par Dieu, il a la liberté, l'argent, le succès, personne ne l'a arrêté et personne ne l'arrêtera jamais.


## 33.


À leur retour, une pile de courrier guette les Mengele. Parmi les factures et les dépliants publicitaires, une lettre de son père et une convocation de la police : Mengele aurait dû se présenter au commissariat d'Olivos trois jours plus tôt. Il parle au téléphone avec son avocat lorsqu'un voisin sonne à la porte avec insistance, l'air tourmenté. La police est venue hier et avant-hier. Et la police revient. Mengele n'a pas défait ses bagages que deux solides sergents lui passent les menottes et l'embarquent dans leur fourgon, toutes sirènes hurlantes.

Un officier lui jette à la figure les journaux de la veille. « Les bouchers de Buenos Aires », « Les docteurs la mort », titrent deux quotidiens conservateurs ; « Le meurtrier porte des sabots blancs », affiche en une le magazine *Détective*. La fille d'un grand industriel est décédée des suites d'un avortement quelques jours plus tôt, un scandale, elle n'avait pas quinze ans. Arrêté, le médecin mis en cause a dénoncé des collègues à la police qui a démantelé toute une filière. Le coup de filet est historique et l'Argentine en émoi se réjouit que les têtes tombent. « Il nous a balancé le nom d'un certain Gregor, vous, Josef Mengele, gronde l'officier. Vous vous êtes fourré dans un sacré pétrin : pratique illégale de la médecine, avortements clandestins, atteinte à l'ordre moral d'une nation qui a la générosité de vous accueillir. » Son avocat à ses côtés, Mengele mordille sa moustache, nie en bloc puis se ravise, « c'était il y a longtemps, pour rendre service, deux ou trois opérations qui se sont parfaitement déroulées… Je condamne fermement mes agissements et n'ai pas l'intention de recommencer. Alors, Monsieur l'officier, pourquoi pas nous arranger et étouffer cette vilaine affaire ? »

L'officier se frotte les yeux, Mengele est écroué. Le surhomme est à l'agonie. La cellule empeste l'urine, le matelas est infesté de poux, le brouet que ses geôliers lui proposent matin, midi et soir, infect. Au troisième jour, l'officier le convoque : « Combien ? » Mengele double puis triple son offre initiale, quelques centaines de dollars, de quoi vivre très confortablement à Buenos Aires pendant plusieurs mois.

Dans le collimateur de la justice, à la merci d'un flic véreux qui a rangé son dossier dans ses archives personnelles, Mengele rentre troublé, éreinté, aux abois. Martha est plus fébrile encore lorsqu'elle se jette dans ses bras. Elle lui désigne en tremblant un télégramme de Sedlmeier reçu la veille : « Début août, un journaliste a porté plainte contre toi à Ulm. »

Ernst Schnabel a publié quelques mois plus tôt un best-seller, *Sur les traces d'Anne Frank*. Il a enquêté sur les circonstances de sa mort à Bergen-Belsen et regretté que de nombreux SS se soient évanouis dans la nature.

«Personne ne sait par exemple ce qu'est devenu le docteur Mengele, le médecin des sélections à Auschwitz,
s'il est mort ou vit quelque part.» Plusieurs quotidiens
régionaux ont publié des extraits du livre, dont le *Ulmer
Nachrichten*. Ulm n'est distante de Günzburg que de
trente-six kilomètres. Au début de l'été 1958, le journal
a reçu une lettre anonyme: «Le vieux Mengele a raconté
à son ancienne gouvernante que son fils, médecin dans
la SS, vit en Amérique du Sud... La veuve d'un de ses
autres fils est partie le rejoindre là-bas.» Le directeur de
la rédaction a fait suivre la lettre à Schnabel qui l'a transmise au procureur d'Ulm. L'année précédente, il a fait
condamner à des peines de prison ferme neuf membres
de l'Einsatzgruppe A qui avaient sévi en Lituanie.

La plainte enregistrée, le magistrat a demandé des
renseignements à la police de Günzburg, laquelle s'est
empressée de prévenir le clan Mengele.


# 34.


Mengele repousse violemment Martha et balance
contre un mur les assiettes posées sur la table pour le
dîner. Les yeux rouges, exorbités, il hurle, comme un fou,
un loup enragé, comme à Auschwitz, lorsqu'il découvrait
des jumeaux sur la rampe, Martha ne le reconnaît plus,
renonce à s'approcher, il jette les couverts, les verres,
un bougeoir, tout ce qui se présente à lui, puis grimpe

dans leur chambre, fourre quelques affaires dans un sac de sport, des liasses de billets, son passeport, se précipite dans sa voiture et démarre en trombe sans un regard pour elle. Il pourrait s'arracher les cheveux, il a été si naïf, si présomptueux. Quel sombre idiot, quel connard, il se moque d'Eichmann qui se cache sous un pseudonyme alors que lui figure dans l'annuaire sous son propre nom! Un enfant pourrait le débusquer! Mengele manque d'écraser plusieurs péons sur la route qu'il parcourt à la vitesse d'une fusée, cap au nord, vers le Paraguay, se mettre à l'ombre au Paraguay, il veut se rassurer, avec un peu de chance, tout finira par se tasser, les avortements, la plainte du journaliste, sa famille est puissante, tout s'achète, il suffit d'y mettre le prix, et il n'est l'objet d'aucun mandat d'arrêt, pour l'instant.

Mengele prend ses quartiers à Asunción. Von Eckstein et Jung l'accueillent; Sedlmeier et Alois viennent l'y retrouver. Karl senior fatigué, c'est le benjamin de la fratrie qui tient désormais les rênes de la multinationale. Les trois hommes discutent longuement et sollicitent les conseils de Rudel. Confident de Stroessner et intermédiaire privilégié de l'armée paraguayenne à qui il vend des armes, le pilote tranquillise le fuyard: le Paraguay de Stroessner, c'est l'Argentine sous Perón, il n'a rien à craindre et devrait y acheter des terres, le pays est certes corrompu et chaotique mais il est stable, personne ne viendra l'importuner. Blafard, Mengele grince des dents: «Pas maintenant!» Il a reconstruit sa vie à Buenos Aires, sa maison est splendide, son laboratoire pharmaceutique tourne bien. Alois et Sedlmeier l'encouragent à ne pas se précipiter, des milliers de plaintes sont déposées chaque année, la plupart ne donnent lieu à aucune poursuite, et pendant qu'il est au Paraguay, ils lui confient une nouvelle mission, vendre un épandeur d'engrais qui fait un malheur en Europe.

Mengele retrouve les bouseux, les routes cabossées, la chaleur fiévreuse du Chaco. Mais le cœur n'y est plus. Une sourde inquiétude le taraude, un noir pressentiment, son existence menace de basculer une nouvelle fois, et pendant qu'il conduit, il pense au tableau de la Pinacothèque de Munich qui le terrifiait enfant, Jonas dans la gueule de la baleine, le prophète bientôt avalé par le monstre marin. Ses camarades le trouvent changé, vieilli prématurément. À l'intellectuel fringant qu'ils admiraient a succédé un homme taciturne et irascible. Un après-midi, il a injurié le fils Jung qui lui récitait ses leçons de biologie. Aux soirées que ses amis organisent autour de leur piscine, il grignote quelques canapés, à l'écart, fuyant, tourmenté. Quand von Eckstein essaie de lui parler, Mengele se contente d'un sourire nerveux. Il ne trouve la quiétude qu'auprès des Haase, de Martha et de Karl-Heinz qui viennent le voir régulièrement au cours de ces derniers mois de 1958. Son neveu se révèle un fils aimable, réconfortant et intelligent, qui mérite la reproduction de la gravure de Dürer que Mengele avait reçue pour ses quarante ans. En famille, ils fêtent Noël et le nouvel an chez les Jung. Les nazis trinquent, 1959 sera une cuvée formidable, Mengele touche du bois.

96

Son visa arrivé à échéance, il décide de rentrer à Buenos Aires.

## 35.

Il l'ignore encore mais un autre limier le traque. Un communiste autrichien, vétéran de la guerre d'Espagne, ancien déporté de Dachau et d'Auschwitz où il fut le secrétaire personnel d'Eduard Wirths, le médecin chef du camp. Lui, Hermann Langbein, n'a jamais oublié le docteur Mengele, ni cru à sa disparition. Il a retrouvé sa trace en découvrant par hasard l'annonce légale de son divorce, en 1954. Deux ans plus tôt, il a cofondé le Comité international d'Auschwitz afin d'indemniser les survivants du camp et de les aider à poursuivre en justice leurs tortionnaires en collectant informations et témoignages. Patiemment, discrètement, Langbein enquête et accumule les preuves contre Mengele. Il est persuadé qu'il vit à Buenos Aires, il a noté l'entremise de l'avocat argentin lors de la procédure de divorce. Langbein transmet son dossier au ministre fédéral de la Justice qui se déclare incompétent : c'est au parquet d'un Land de se saisir du cas Mengele. Les magistrats rechignent, sauf à Fribourg, le dernier domicile connu de Mengele qui a aidé Irene à s'y installer à la fin de la guerre. Là où le 25 février 1959, le procureur lance un mandat d'arrêt, pour meurtres prémédités et tentatives de meurtres.

Langbein insiste, Mengele vit à Buenos Aires, le ministère des Affaires étrangères doit demander son extradition au gouvernement argentin.

Sedlmeier câble à Mengele la nouvelle révélée par un de ses informateurs dans la police. Cette fois, plus question de tergiverser, il faut vendre la villa et les parts de Fadro Farm, clôturer ses comptes en banque, se réfugier au Paraguay. Rien n'indique que le nouveau gouvernement libéral argentin, élu démocratiquement, sera aussi clément envers les nazis que ses prédécesseurs péroniste et militaire. Buenos Aires pourrait bien accéder à la demande de Bonn : Mengele est affolé, au bord de la crise de nerfs, lorsqu'il empile dans un carton ses revues scientifiques et dit adieu à ses partenaires du laboratoire pharmaceutique sans leur donner d'explication. De Martha et Karl-Heinz, qui restent en Argentine mais doivent déménager, il exige la plus grande discrétion. Il les embrasse et leur donne rendez-vous à Asunción, « bientôt ».

Une nouvelle fois, Rudel vole à son secours. Il va l'aider à acquérir la citoyenneté paraguayenne : aucun traité d'extradition ne lie Bonn à Asunción, le président Stroessner ne livrera jamais un de ses ressortissants à une puissance étrangère, la souveraineté du Paraguay est sacrée. Tétanisé à l'idée de vivre dans une grande ville, Mengele supplie son ami de lui trouver une planque à la campagne, dans une colonie allemande. Toujours conciliant, Rudel le confie à Alban Krug, un nazi écarlate aux épaules de lutteur qui possède une ferme en Nueva Bavaria, à quelques kilomètres de la frontière argentine.

# 36.

La vie s'écoule lentement à Hohenau. Le hameau se déploie autour de la place de l'église où paressent des Indiens guaranis malins et superstitieux. Dans les rues grenat du centre, des vaches et des cochons pataugent, des essaims d'insectes virevoltent autour d'éventaires de boudins et de peaux de serpents, des enfants blonds manœuvrent des chars à bœufs jusqu'au fleuve Paraná, en contrebas. Alentour, les colons européens triment les cheveux trempés de sueur dans les champs de maïs et de pastèques, sous un soleil étourdissant. Le chant des colibris rythme le quotidien morose du village, distrait par la fête de la bière chaque automne, et par le banquet souabe du printemps où les paysans éméchés se bâfrent et dansent, d'interminables rondes et farandoles, comme dans un tableau de Bruegel l'Ancien, quatre siècles plus tôt, devant Mengele qui les regarde effaré.

Fidèle, vorace et inculte, Alban Krug lui rappelle Heinrich Lyons. Son protecteur dirige mollement une coopérative de fermes mais aux bilans comptables, il préfère la bière produite par l'un de ses associés, la cuisine roborative de sa femme, la chasse et la pêche, son fils Oskar et ses filles à ses côtés. Krug n'entend rien aux méthodes de management moderne que son pensionnaire essaie de lui inculquer. Souvent en déplacement, Mengele poursuit ses activités de VRP, erre inlassablement de colonie en exploitation dans tout le Paraguay, ses catalogues de machines agricoles et ses états d'âme pour seuls compagnons. Mengele jure, peste, enrage d'avoir perdu son cocon argentin, gémit sur son sort, s'inquiète, d'être attrapé ou de vivre indéfiniment caché chez cet idiot de Krug. Aux sueurs froides succède parfois un optimisme prudent. S'il acquiert la citoyenneté paraguayenne, il pourra reconstruire sa vie, acheter des terres, s'y installer avec Karl-Heinz et Martha, même s'il sera difficile de la convaincre. Son épouse est une de ses plus douloureuses préoccupations : au lieu de le soutenir, elle ne supporte pas la chaleur, les coupures de courant, la poussière rouge qui s'insinue partout, « madame ne trouve pas Hohenau et la campagne paraguayenne à son goût ». Il aurait dû la gifler quand elle s'est effondrée en pleurs après s'être fait piquer par une araignée, le premier soir, à son arrivée. Elle ne veut pas d'une vie de fugitive, déménager sans cesse, dormir à l'hôtel, il l'a habituée à un autre standing et elle se plaint amèrement de son absence, leurs connaissances à Buenos Aires ne cessent de demander de ses nouvelles et elle ne sait que répondre, de même qu'à l'école les gamins interrogent Karl-Heinz, très perturbé depuis son départ. Et s'ils s'établissent dans la jungle, où l'adolescent poursuivra-t-il sa scolarité ? Un Mengele n'étudie pas n'importe où. Martha est convaincue que Josef exagère. Il devrait revenir à Buenos Aires, ils y seraient heureux comme aux premiers jours, il ne risque rien. Au fond, pense-t-elle, Karl junior était plus courageux.

Mengele consent à la rejoindre à Asunción où il tâche de faire bonne figure lorsqu'ils dînent avec les Jung et von

Eckstein. Sa vie est entre leurs mains, les deux hommes parrainent sa demande de naturalisation et von Eckstein l'a présenté à l'un des meilleurs avocats du pays, mais l'entreprise est illégale : en principe, il faut avoir résidé cinq ans au Paraguay pour être éligible à sa citoyenneté.

## 37.

Une course contre la montre s'engage. La demande d'extradition de Mengele a été transmise par Bonn à Buenos Aires, une autre est en route vers Asunción, le bruit court qu'il se serait réfugié au Paraguay. En Argentine, la procédure traîne, les obstacles juridiques et administratifs se multiplient, l'ambassadeur d'Allemagne Junker regimbe, tergiverse, la demande transite, via le ministère des Affaires étrangères, par le président du Sénat, le procureur général, un juge de la Cour fédérale, la police, des tribunaux. Au fond, les gouvernements argentin et ouest-allemand se contentent de l'immense imbroglio. Au Paraguay, le ministère de l'Intérieur et la police ont vent d'une prochaine requête d'extradition, Interpol leur a demandé une copie du dossier du demandeur de naturalisation, mais Rudel intervient auprès du ministre. Son ami, le brillant docteur José Mengele, est poursuivi pour ses convictions politiques en Allemagne, rien de méchant, il sera précieux au Paraguay, alors il faut le naturaliser d'urgence : en novembre 1959, c'est chose faite, la Cour suprême paraguayenne accorde à Mengele la citoyenneté, un permis de résidence, un certificat de bonne conduite et une carte d'identité.

Pourtant, Mengele arrive effondré chez les Jung, qui donnent une petite fête pour célébrer l'heureuse nouvelle. Les yeux pleins de larmes, il bredouille : son père vient de mourir. L'Allemagne perd un patriote et lui son allié le plus indéfectible, son bouclier, ce père terrible et intransigeant qui ne l'a jamais lâché malgré tout. À des milliers de kilomètres de Günzburg où un imposant portrait du défunt a été placardé sur la façade de l'hôtel de ville, Mengele s'épanche au bord de la piscine enguirlandée, dans la nuit poisseuse d'Asunción. À von Eckstein, à Karl-Heinz, aux Jung, aux Haase, à Rudel, il raconte l'ascension du Hirschberg avec son père, l'été 1919. Pour une fois, ils n'étaient que tous les deux, ils avaient pique-niqué, un papillon s'était posé sur sa manche et du sommet, les lacs de Bavière scintillaient comme des rouleaux de pellicules argentées. Avant de dormir, quand il était enfant, son père dont il avait si peur lui récitait une prière en latin apprise chez les trappistes après qu'il avait failli se noyer dans un réservoir d'eau de pluie, à six ans : *procul recedant somnia, et noctium phantasmata* : puissent-ils rester loin de nous, les songes et les chimères de la nuit.

Inconsolable, Mengele bafouille et sanglote comme une petite fille. Il se rendra aux obsèques, coûte que coûte, prendra demain le premier avion pour l'Europe. Rudel le dissuade, c'est un suicide, la police le cueillera au cimetière, il doit y renoncer.

Sur la tombe, le jour de l'enterrement, les pompes funèbres déposent une couronne de fleurs accompagnée d'un mot anonyme : « De loin, je te salue ».

## 38.

À Buenos Aires, Eichmann, qui travaille à présent comme manutentionnaire chez Mercedes, s'est fait repérer.

Lothar Hermann, un juif allemand aveugle réfugié en Argentine, est convaincu d'avoir retrouvé sa trace. Sa fille a longtemps fréquenté Nick Eichmann qui vantait les prouesses de son père pendant la guerre et regrettait que l'Allemagne n'ait pas anéanti tous les juifs. En 1957, Hermann écrit au procureur de Hesse, Fritz Bauer. Plutôt que collaborer avec les services secrets et l'ambassade allemands à Buenos Aires infestés d'anciens nazis, Bauer préfère transmettre discrètement l'information au Mossad. Les services secrets israéliens diligentent une enquête en Argentine mais elle n'est pas concluante et le Mossad interrompt ses investigations : Hermann demande trop d'argent ; le domicile de l'homme soupçonné d'être le grand exterminateur des juifs d'Europe est une masure, en banlieue de Buenos Aires. Impensable. Mais Bauer veut croire aux allégations d'Hermann. Il piste une seconde source qui corrobore son récit : Ricardo Klement est bien Adolf Eichmann. Cette fois, le Mossad va intervenir, la décision de kidnapper le SS est prise en décembre 1959.

Isser Harel, le patron du Mossad, envisage secrètement un second enlèvement : à son tableau de chasse, il rêve d'inscrire le nom de Mengele. La demande d'extradition ouest-allemande a fuité dans la presse et le Congrès juif mondial encourage les survivants d'Auschwitz à témoigner de ses forfaits auprès de Langbein. Harel ne dispose que d'informations éparses et datées : Mengele se fait appeler Gregor, il dirige une fabrique de meubles au centre de Buenos Aires. Son plan est simple : après l'arrestation d'Eichmann, fixée au 11 mai 1960, ses hommes disposeront de neuf jours pour mettre la main sur le médecin nazi et l'embarquer à bord de l'avion qui ramène Eichmann en Israël.

Depuis qu'il est devenu citoyen paraguayen et a touché une partie de son héritage, Mengele s'emploie à chasser ses idées noires. Il fait du ski nautique, découvre les tribus guayakis avec l'excentrique von Eckstein et envisage à nouveau l'avenir avec une certaine sérénité. Les tensions s'apaisent avec Martha, il a recouvré sa liberté de mouvements. Début 1960, alors que les équipes du Mossad préparent le kidnapping d'Eichmann à Buenos Aires, il passe plusieurs jours à la pension où elle est installée avec Karl-Heinz, dans le quartier de Vicente López. Quelques semaines plus tard, en avril, ils se retrouvent à l'hôtel Tirol, un établissement luxueux de la ville paraguayenne d'Encarnación. L'infatigable Sedlmeier les rejoint. Ils discutent finances, moyens de communication et perspectives de croissance de leur filiale au Paraguay. Mengele montre à son acolyte les photos d'une belle propriété qu'il a envie d'acheter dans la région de l'Alto Paraná. Il repart chez Krug rasséréné, presque joyeux, Martha ayant enfin accepté l'idée de le suivre dans son exil.

Début mai, l'opération Attila entre dans sa phase active avec l'arrivée des commandos du Mossad à Buenos Aires. Harel a glissé dans ses bagages le dossier codé de Mengele. Le 11, comme prévu, Eichmann est enlevé. Dans la planque où ils l'ont séquestré, les agents israéliens le harcèlent: connaît-il Mengele? Où se cache-t-il? À quoi ressemble-t-il aujourd'hui? Quelles sont ses habitudes à Buenos Aires? Qui fréquente-t-il? «Eichmann, où est Mengele?» Le nazi reste de marbre. Malgré leurs différends, le mépris qu'il lui voue, il refuse de trahir son camarade: «Mon honneur s'appelle fidélité.» Les Israéliens persévèrent, promettent, menacent, insistent, et enfin Eichmann lâche l'adresse de la pension à Vicente López.

Le temps presse, les Israéliens jouent serré tandis que les nazis de Buenos Aires sont sur le qui-vive. Sitôt la disparition de leur père constatée, les fils Eichmann se sont précipités chez Sassen afin de coordonner leurs recherches. C'est un coup des juifs, ils n'ont aucun doute, et projettent de faire sauter l'ambassade d'Israël ou de kidnapper l'ambassadeur en représailles; ils quadrillent la ville, aidés par les fascistes des milices Tacuara et les Jeunesses péronistes; Sassen est chargé de surveiller l'aéroport.

Harel envoie deux agents à la pension, une villa isolée entourée d'une palissade au bout d'une rue étroite, difficile à surveiller sans risque d'être rapidement repéré. La patronne de la pension ne connaît pas de Monsieur Gregor ni de Mengele. Un facteur est plus bavard : une famille Mengele a bien vécu là mais elle a disparu il y a quelques semaines, sans laisser d'adresse où faire suivre son courrier. À la fabrique de meubles, personne n'a jamais entendu parler d'un Allemand du nom de Gregor. Les jours filent, le médecin réfugié au Paraguay demeure introuvable mais Harel ne se résigne pas. Mengele « brûle comme un feu dans ses os », le patron du Mossad envisage même l'assaut de la pension, convaincu qu'il s'y terre encore. Ses hommes l'en dissuadent, il risque de faire capoter toute l'opération.

Le 20 mai 1960, un avion El Al s'envole de Buenos Aires à destination de Tel Aviv, avec à son bord Adolf Eichmann en tenue de navigant, drogué. Harel jure à ses hommes qu'ils auront bientôt la peau de Mengele. Ils formeront la nouvelle unité spéciale en charge de traquer les nazis et le médecin d'Auschwitz sera leur première cible.

## 39.

Quelques jours plus tard, lorsque Ben Gourion annonce la capture d'Eichmann à la Knesset, les criminels de guerre réfugiés en Amérique du Sud sont foudroyés.

Qui sera le prochain sur la liste ? Qui sera enlevé, tabassé, abattu froidement dans son lit ou sur un parking par un commando de vengeurs surgi à l'improviste ? Qui sera ramené de force en Israël, exposé à la vindicte des juifs et de l'opinion mondiale dans une cage de verre dégradante, comme un monstre de foire, tel Eichmann lors de son procès à Jérusalem, l'année suivante ? Les nazis en exil ne connaîtront plus la paix. S'ils veulent sauver leur peau, ils doivent s'exclure, renoncer aux réjouissances terrestres, se condamner à une existence clandestine de fuyards, à une cavale sans refuges ni repos.

Cette fois, la chasse aux nazis est ouverte.

Des journalistes du monde entier viennent enquêter à Buenos Aires. L'enlèvement d'Eichmann inaugure une ère nouvelle ; c'est une humiliation pour l'Argentine, une catastrophe pour l'Allemagne de l'Ouest. La première doit prouver qu'elle n'est pas un sanctuaire de nazis : le 20 juin, un mandat d'arrêt est lancé contre Mengele qui aboutira l'année suivante à la capture de… Lothar Hermann, accusé d'être le médecin d'Auschwitz ; l'Allemagne, qu'elle est prête à juger ses criminels et à affronter son passé. Le grand ménage débute, les cercles nazis de Buenos Aires se désintègrent. Sassen, que ses camarades soupçonnent d'avoir trahi Eichmann, vend à prix d'or ses enregistrements à *Life* et à des médias allemands et hollandais, avant de s'enfuir en Uruguay où il se présente comme un « nazi réformé ».

« Ce connard prétentieux d'Eichie et son foutu hybris ! » Mengele explose de colère en apprenant l'enlèvement d'Eichmann à la radio, dans la cuisine des Krug. Il vitupère contre les juifs maudits, les Argentins incapables, les Allemands soudoyés, la terre entière, et lorsque Krug lui dit qu'il n'a rien à craindre puisqu'il a obéi aux ordres et soigné des gens dans les camps, il a envie de lui coller une balle entre les yeux, à lui et toute sa famille ensuite, avachie à la table du dîner. Oui, il les descendrait bien les uns après les autres, les filles pour finir, à genoux les cruches, les Krug prendraient pour les juifs, les Argentins, les Allemands, le monde entier, pour ce fils de pute d'Eichmann, celui-là, si seulement il pouvait le zigouiller dans sa cellule israélienne, puis il s'enfuirait dans la jungle, il disparaîtrait à tout jamais. Mais Mengele se met à trembler, ses mains, ses bras, ses jambes trépident et comme elles menacent de le trahir, la mère Krug le fait asseoir et le force à boire de l'eau sucrée. Lorsqu'il reprend ses esprits, il ne peut que faire face à la même réalité, odieuse : le puits dans lequel la capture d'Eichmann le plonge et où il est sûr qu'il va se noyer. Eichmann se fera un plaisir de le balancer aux Israéliens. D'autres parleront, il a laissé des traces partout, ses papiers sont à son nom, il y a sa femme, son fils, il sera facile de remonter sa piste, jusqu'à cette ferme ouverte aux quatre vents que seul Krug, un vieux pistolet Walther et quelques fourches défendent, une plaisanterie face aux tueurs aguerris du Mossad. Alors Mengele bouge sans cesse ; il ne se sent en sécurité nulle part. Le jour, la nuit, il mâchonne sa moustache et tourne en rond comme une guêpe prise au piège dans un verre et menacée d'asphyxie. Lorsqu'il s'endort, vers trois, quatre heures du matin, après avoir avalé plusieurs cachets de somnifères, le moindre bruit, le plancher qui craque, un insecte insignifiant, le réveille en sursaut. Il a peur d'être reconnu, maintenant que le gouvernement ouest-allemand a mis sa tête à prix pour vingt mille marks, et qu'il est (enfin) devenu une célébrité mondiale. La presse relate les atrocités qu'il a commises et diffuse sa photo. Rolf sait désormais que son père n'a pas disparu en Russie mais qu'il est l'ange de la mort d'Auschwitz. Auprès de ses amis d'Asunción, Mengele essaie de se justifier, de minorer son rôle, les gens s'éloignent cependant, Jung se défile et rentrera en Allemagne, seul von Eckstein le croit sur parole. Il a peur, il souffre, gémit : Haase, l'ami fidèle qui lui envoyait régulièrement des recueils de poésie et lui écrivait de ne pas perdre ses nerfs, de résister, de tenir bon, Haase vient de mourir en tombant d'une échelle à Buenos Aires.

En septembre 1960, Mengele décide qu'il doit fiche le camp au plus vite, fuir, tout abandonner, se réinventer à quarante-neuf ans, sinon les Israéliens l'arrêteront. L'unité spéciale du Mossad surveille les allées et venues de sa femme et de son fils, et se rapproche dangereusement de la ferme des Krug. Rudel lui procure un pistolet Mauser et une nouvelle carte d'identité brésilienne au nom de Peter Hochbichler. Mengele doit se séparer de Martha et de Karl-Heinz, qui rentrent en Europe sans lui dire adieu. Il brûle dans la précipitation ses notes, son passeport allemand, et détruit ses échantillons d'Auschwitz. À l'aube d'un clair matin d'octobre, Krug et Rudel le conduisent en jeep à la frontière brésilienne. Lorsque l'immense gaillard lui crie que sa guerre n'est pas finie, Mengele ne se retourne pas, il s'enfonce dans les replis émeraude de la jungle.

Le voilà livré à la malédiction de Caïn, le premier meurtrier de l'humanité : errant et fugitif sur la terre, celui qui le rencontrera le tuera.

DEUXIÈME PARTIE

# *Le rat*

« Le châtiment correspond à la faute : être
privé de tout plaisir de vivre, être porté au
plus haut degré de dégoût de la vie. »

KIERKEGAARD

## 40.

Au musée Tinguely, à Bâle, une salle plongée dans la pénombre. Atmosphère de carnage, chambre de torture à l'abandon. Un monstre-autel à crâne d'hippopotame est encerclé par des sculptures-machines composées de carcasses de bestiaux, de bois et de poutres carbonisés, de métaux tordus par le feu, des matériaux récupérés par Jean Tinguely dans les décombres d'une ferme frappée par la foudre, près du village suisse où se trouvait son atelier. Parmi les restes calcinés, des ossements d'une énorme machine à maïs Mengele.

Les sculptures-machines se mettent en branle sous un soleil noir. Roues, poulies, chaînes, écrous grincent, crissent, dans une gare de triage désaccordée. Les mâchoires d'acier s'ouvrent, béantes, des crânes d'hommes et d'animaux défilent et chutent sur une rampe à courroies mécaniques tandis que sur les murs tournoient leurs ombres, comme des seringues immenses, des haches de bourreaux, des scies, des marteaux, des faux, des potences. Une valse stridente alors que dans le reste du musée palpitent le jazz et les reflets verts, bleus, clairs du Rhin à travers les baies vitrées. Plongé dans la ferraille, le visiteur est englouti par les sculptures-machines. Elles menacent de le fouetter et de le lacérer, de se jeter sur lui pour l'escorter jusqu'à la rampe. Hanté par la mort et les camps nazis, Tinguely a composé son *Mengele – danse macabre*.

Cette danse macabre d'Auschwitz, un médecin légiste hongrois a été forcé de l'exécuter à l'été et à l'automne 1944. Miklós Nyiszli appartenait aux Sonderkommandos, les morts vivants condamnés à recueillir les cheveux et à arracher l'or des cadavres gazés avant de les jeter dans les fours. Le juif Nyiszli fut le scalpel de Mengele. Sur ses ordres, il a scié des calottes crâniennes, ouvert des thorax, coupé à travers des péricardes, et après avoir miraculeusement échappé à l'enfer, il a consigné l'inimaginable et l'effroyable dans un livre, *Médecin à Auschwitz*, publié dans l'immédiat après-guerre en Hongrie, et en France en 1961.

« Mengele est infatigable dans l'exercice de ses fonctions. Il passe des heures entières tantôt plongé dans le travail, tantôt debout une demi-journée devant la rampe juive où arrivent déjà quatre ou cinq trains par jour chargés de déportés de Hongrie... Son bras s'élance invariablement dans la même direction : à gauche. Des trains entiers sont envoyés aux chambres à gaz et aux bûchers... Il considère l'expédition de centaines de milliers de juifs à la chambre à gaz comme un devoir patriotique. »

114

Dans la baraque d'expérimentation du camp tsigane, «on effectue sur les nains et les jumeaux tous les examens médicaux que le corps humain est capable de supporter. Des prises de sang, des ponctions lombaires, des échanges de sang entre jumeaux, d'innombrables examens fatigants, déprimants, in vivo». Pour l'étude comparative des organes, «les jumeaux doivent mourir en même temps. Aussi meurent-ils dans une des baraques du camp d'Auschwitz, dans le quartier B, par la main du docteur Mengele».

Il leur injecte des piqûres de chloroforme dans le cœur. Les organes prélevés, munis du tampon «matériel de guerre urgent», sont envoyés à l'Institut Kaiser Wilhelm de Berlin que dirige le professeur von Verschuer.

«Mengele est considéré comme l'un des plus grands représentants de la science médicale allemande… Et le travail qu'il effectue dans la salle de dissection est au service du progrès de la médecine allemande.»

Quand une épidémie de scarlatine se déclenche dans les baraques qu'occupent des juives hongroises, «Mengele les fait emmener directement par camion au crématorium».

Nyiszli est hanté par l'aura macabre de son tortionnaire: «De bonne humeur, sa mine réjouie masque sa cruauté. Trouver autant de cynisme surprend, même dans le camp… Docteur Mengele est un nom magique…, la personne que tout le monde craint le plus dans le camp. Rien qu'à l'entendre, tout le monde tremble.»

Nyiszli décrit son zèle maniaque dans la salle de dissection du crématorium jusqu'à l'automne 1944, alors que l'Allemagne a déjà perdu la guerre : « Le docteur Mengele arrive comme d'habitude vers dix-sept heures... Il reste des heures à côté de moi parmi les microscopes, les études et les éprouvettes, ou bien debout des heures entières près de la table de dissection avec une blouse maculée de sang, les mains ensanglantées, examinant et recherchant comme un possédé... Il y a quelques jours, j'étais assis avec lui dans la salle de travail, près de la table. Nous feuilletions les dossiers déjà établis sur les jumeaux, lorsque, sur la couverture bleu clair d'un dossier, il aperçoit une pâle tache de graisse. Le docteur Mengele me jette un regard réprobateur et me dit, avec le plus grand sérieux : "Comment pouvez-vous agir d'une façon aussi insouciante avec ces dossiers que j'ai recueillis avec tant d'amour !". »

Le quotidien de Nyiszli est dément. « La lueur flamboyante des bûchers et la fumée tourbillonnante des cheminées des quatre crématoriums parviennent jusque-là. L'atmosphère est chargée de l'odeur de la chair et des cheveux qui brûlent. Les parois des murs résonnent des cris de mort et du crépitement des balles tirées à bout portant. C'est ici que le docteur Mengele vient se détendre après chaque sélection et chaque feu d'artifice. C'est ici qu'il passe tous ses loisirs et dans cette ambiance d'horreurs, avec une folie froide, fait ouvrir par moi les cadavres de centaines d'innocents envoyés à la mort. Les bactéries sont cultivées dans une étuve électrique et nourries de chair humaine fraîche. Le docteur Mengele reste des heures entières devant les microscopes et recherche les causes du phénomène de la gémellité, que personne ne résoudra. »


## 41.


Un jour descendent d'un convoi un père bossu et son fils boiteux, deux juifs du ghetto de Lódź. Quand il les aperçoit sur la rampe, Mengele les fait immédiatement sortir du rang et les envoie au crématorium numéro un se faire examiner par Nyiszli. Le médecin hongrois prend leurs mensurations et leur offre du sauté de bœuf aux macaronis, « la dernière cène », écrit-il. Des SS les emmènent, les font déshabiller et les tuent à bout portant sur ordre de Mengele. Les cadavres sont ramenés à Nyiszli qui, « tellement écœuré », confie leur dissection à des confrères.

« Tard dans l'après-midi, après avoir envoyé au moins dix mille hommes à la mort, arrive le docteur Mengele. Il écoute avec beaucoup d'intérêt mon rapport concernant les observations faites aussi bien in vivo qu'à l'autopsie sur les deux victimes infirmes. "Ces corps ne doivent pas être incinérés, dit-il, ils doivent être préparés et leurs squelettes seront expédiés à Berlin, au Musée anthropologique. Quels systèmes connaissez-vous pour le nettoyage parfait des squelettes ?" me demande-t-il. »

Nyiszli propose de plonger les cadavres dans du chlorure de chaux qui consomme les parties molles des corps au bout de deux semaines ou de les cuire dans l'eau bouillante, jusqu'à ce que la chair puisse être écartée des os. Ensuite les cadavres seront plongés dans un bain d'essence qui dissout les dernières matières grasses et rend le squelette blanc, sec et inodore. Mengele lui ordonne d'utiliser le procédé le plus rapide, la cuisson. On prépare les foyers. Des barriques de fer sont mises sur le feu et dans les chaudrons mijotent les cadavres du bossu et du boiteux, le père et le fils, ces juifs modestes de Lódź.

«Au bout de cinq heures, écrit Nyiszli, je me suis rendu compte que les parties molles se séparent facilement des os. Je fais donc arrêter le feu mais les barriques doivent rester sur place jusqu'à ce qu'elles refroidissent.»

Ce jour-là, le crématorium ne fonctionne pas. Des prisonniers maçons réparent ses cheminées. Un des assistants de Nyiszli vient le trouver, paniqué : «"Docteur, les Polonais sont en train de manger la viande des barriques." J'y cours vite. Quatre prisonniers étrangers, revêtus de la bure rayée, sont debout, autour des barriques, frappés de stupeur… Affamés comme ils l'étaient, ils cherchaient quelque nourriture dans la cour et c'est ainsi qu'ils se sont approchés par hasard des barriques, pour quelques instants sans surveillance. Ils croyaient que c'était de la viande pour le Sonderkommando qui était en train d'y cuire… Les Polonais étaient presque paralysés de frayeur en apprenant de quelle chair ils avaient mangé.»

Finalement, les squelettes sont allongés sur la table de travail du laboratoire. « Le docteur Mengele est très content : il a amené avec lui plusieurs confrères officiers supérieurs pour leur montrer les squelettes. Tous ont l'air importants et lancent des termes scientifiques ronflants... Puis on emballe les squelettes dans de grands sacs en papier fort et c'est ainsi qu'on les expédie à Berlin revêtus du cachet : "Expédition urgente, Défense nationale". »

Mengele est le prince des ténèbres européennes. Le médecin orgueilleux a disséqué, torturé, brûlé des enfants. Le fils de bonne famille a envoyé quatre cent mille hommes à la chambre à gaz en sifflotant. Longtemps il a cru s'en sortir aisément, lui, « l'avorton de boue et de feu » qui s'était pris pour un demi-dieu, lui qui avait foulé les lois et les commandements et infligé sans affect tant de souffrances et de tristesse aux hommes, ses frères.

L'Europe vallée de larmes.

L'Europe nécropole d'une civilisation anéantie par Mengele et les sbires de l'ordre noir à tête de mort, pointe empoisonnée d'une flèche lancée en 1914.

Mengele, l'employé modèle des usines de la mort, l'assassin d'Athènes, Rome et Jérusalem, pensait échapper au châtiment.

Mais le voilà livré à lui-même, asservi à son existence, aux abois, moderne Caïn errant au Brésil.

Maintenant commence la descente aux enfers de Mengele. Il va ronger son cœur et s'égarer dans la nuit.

# 42.

Une serviette nouée autour de la taille dans la salle de bains au premier étage, Mengele s'approche du miroir en maugréant. Ses cernes ont encore enflé, leur teinte bleutée contraste avec la pâleur de son visage, son torse amaigri, ses pectoraux affaissés. Qu'il a vieilli, ces derniers mois ! Il pince ses lèvres et mordille sa moustache, un paillasson de forain grisonnant, affreuse, songe-t-il, si peu germanique, si peu académique, lorsqu'il mange de la soupe il la pourlèche comme un vieux matou. Elle le dégoûte mais en camouflant partiellement l'espace entre ses incisives supérieures, elle le sécurise, même si presque rien ne le rassure depuis un an qu'il est arrivé au Brésil, et ce matin du 7 octobre 1961, il est encore plus inquiet que d'habitude, une boule énorme torture son estomac. Machinalement, il masse ses tempes de bas en haut devant la glace, comme si les frictions allaient dissiper ses maux et aplanir son front proéminent, ce maudit front qui le tracasse et finira par le trahir, avec le trou qu'il a entre les dents, Irene l'a déjà mis en garde il y a quinze ans.

Mengele ferme les yeux et lui qui ne croit en rien, répète à voix basse le mantra de Rudel, n'est perdu que celui qui s'abandonne lui-même, en serrant les poings. Maintenant il doit s'activer, se raser et se brosser les dents, enfiler un pantalon de toile, des chaussures, une chemise écrue qu'il boutonne jusqu'au cou, sans cravate, il fait déjà trop chaud, et ajuster sur sa tête le chapeau à larges bords dont il ne se passe plus. Mengele empoigne deux valises et descend l'escalier au pied duquel l'attend un homme souriant qui porte ses bagages et les range dans le coffre d'une modeste Ford Anglia. Il est un peu moins de huit heures lorsqu'ils quittent la ville d'Itapecerica.

L'homme obligeant porte des lunettes noires et s'appelle Wolfgang Gerhard. Il est le représentant du Kameradenwerk de Rudel dans la région de São Paulo et le pilote l'a contacté sitôt décidé d'exfiltrer Mengele au Brésil. À Günzburg, la famille a d'abord été sceptique : Gerhard, qui rame depuis qu'il a quitté l'Autriche en 1949, ne risque-t-il pas de lui extorquer des sommes faramineuses ? Peut-on faire confiance à cet individu qui chante dans une chorale et a tendance à boire, leurs informateurs sont formels sûr ce point ? Rudel les rassure, Gerhard n'exigera pas un pfennig, protéger un criminel de guerre du rang de Mengele est un honneur, une consécration qui n'a pas de prix pour un nazi fanatique comme lui. Son fils s'appelle Adolf. Il rêve d'accrocher le cadavre de Simon Wiesenthal à sa voiture et de le traîner dans la rue comme des boîtes de conserves un jour de noces. À Noël, le sapin des Gerhard est surmonté d'une croix gammée.

Pendant que son chauffeur se faufile en direction du nord, Mengele observe ses pattes velues machiner le volant et ses jambes trop longues pour l'habitacle de la Ford. Gerhard lui fait penser à un adolescent grimpé dans un manège pour enfants, ravi d'épater ses copains qui doutaient de son audace. Gerhard sifflote, c'est un grand jour pour lui qui n'avait que vingt ans à la fin de la guerre et imprime d'ordinaire d'obscurs bulletins de propagande et une feuille de chou antisémite. Une mission digne du soldat d'élite qu'il aurait pu être si les forces du mal ne s'étaient pas coalisées contre le nazisme : conduire le désormais célèbre docteur Mengele au sanctuaire qu'il a trouvé, lui, le petit Gerhard, l'ancien trouffion, une ferme isolée, dans les environs de Nova Europa, à trois cents kilomètres de São Paulo. Ses propriétaires sont un couple de Hongrois, Geza et Gitta Stammer. Ils ont quitté leur pays après-guerre, à cause de l'invasion soviétique ; Gerhard les a rencontrés quelques années plus tôt lors d'une réunion d'expatriés d'Europe centrale. Ce sont des gens simples et politiquement sûrs, ils ne lui poseront pas de questions embarrassantes.

À mesure que le paysage se fait aride, augmente l'anxiété de Mengele. Pour la énième fois, Gerhard doit lui détailler le plan qu'il a concocté, avec la bénédiction de Rudel et de Günzburg. L'Autrichien a pris l'habitude de rassurer le fugitif ; lorsque Mengele a débarqué au Brésil, il l'a employé dans son atelier de confection, consolé et encouragé comme un fils. Pour Gerhard, se dévouer à Mengele, c'est sauver Berlin des flammes, un devoir qui est en lui-même sa récompense, d'ailleurs depuis un an, ses affaires, sa femme et ses deux enfants sont passés au second plan.

Aux Stammer, Gerhard a présenté Mengele comme un spécialiste suisse de l'élevage qui n'a plus envie de vivre seul à cinquante ans. L'excentrique Peter Hochbichler sort d'une période un peu difficile, a dit Gerhard, des ennuis de santé, aussi il cherche de la compagnie, du travail, et puis il vient d'hériter, une belle somme, qu'il aimerait investir en achetant des terres. Hochbichler pourrait gérer leur ferme : arpenteur, Geza s'absente régulièrement pour de longues périodes. Les Stammer ne roulent pas sur l'or et acceptent la proposition de Gerhard. Ils ne rémunéreront pas Hochbichler mais il sera nourri, logé, blanchi.

À la route goudronnée succèdent des kilomètres de pistes puis un chemin de terre qui sinue à travers la savane jusqu'à une vieille ferme. Terminus : des chiens sautent au passage du véhicule en aboyant et un couple de quadragénaires avec leurs deux garçons apparaissent sur le seuil de la maison en bois, la famille Stammer, impatiente de faire la connaissance du mystérieux amphitryon Peter Hochbichler.

## 43.

Protégé par une garde prétorienne d'Indiens, un certain Mengele est localisé dans une petite ville du Mato Grosso mais il parvient à échapper au guet-apens que lui tend la police brésilienne en mars 1961. Quelques mois plus tard, il est arrêté dans une commune du Minas Gerais. Une erreur malencontreuse, l'homme appréhendé est un Waffen-SS en villégiature. Mengele est à nouveau repéré en février 1962, dans une ville frontalière du Paraguay. Son hôtel est pris d'assaut par les troupes d'élite de la gendarmerie brésilienne mais il a quitté sa chambre le matin même. La presse argentine révèle qu'il a assassiné une agente du Mossad à Bariloche; armé et extrêmement dangereux, il dispose d'une armée privée à sa solde qui l'accompagne dans tous ses déplacements: depuis que sa tête a été mise à prix et ses crimes divulgués, Mengele est l'objet de récits fantaisistes, bientôt une créature mythique, «le médecin satanique, la créature du diable, pas comparable à un homme malgré ses apparences humaines», écrit le dramaturge Rolf Hochhuth dans *Le Vicaire* en 1963.

Le Mossad ne se laisse pas distraire par les rumeurs extravagantes. L'unité spéciale a établi son QG à Paris; elle est dirigée par un des responsables de l'enlèvement d'Eichmann, Zvi Aharoni, un juif allemand qui s'est juré de traîner son ancien compatriote devant un tribunal israélien. Elle détient des informations précises et a identifié deux des relais de Mengele en Amérique du Sud, Krug et Rudel, mais la traque est complexe, l'entourage de la famille à Günzburg impénétrable, la famille Krug méfiante: l'une des filles résiste à l'offensive de charme du playboy de l'unité spéciale. Aharoni déploie plusieurs agents au Paraguay, convaincu que Mengele s'y terre encore, les Israéliens ont eu vent de sa naturalisation. Il fait suivre Rudel dans toute l'Amérique du Sud, Martha, dont il intercepte le courrier, et tente d'infiltrer les institutions de la communauté allemande d'Asunción. Le Mossad chauffe mais ne brûle pas. Mengele conserve une longueur d'avance.

Jusqu'au printemps 1962. En Uruguay, Aharoni a levé un gibier de taille, la gorge profonde dont rêve tout maître espion. Sassen se met à table, son vieil ami Mengele a souillé l'honneur de la SS, et par-dessus tout Sassen a besoin d'argent pour entretenir son train de vie toujours fastueux et ses nombreuses maîtresses. Le Mossad le rémunère grassement. L'aventurier hollandais a perdu Mengele de vue mais il découvre rapidement qu'il s'est enfui au Brésil et l'identité de son nouveau protecteur, Wolfgang Gerhard, son unique contact avec le monde extérieur. Les hommes du Mossad ne lâchent plus Gerhard. Un matin, la Ford Anglia de l'Autrichien s'enfonce dans la savane en direction d'une ferme isolée.

Accompagné de deux agents, des juifs brésiliens, Aharoni part pique-niquer dans les environs de la ferme. Trois hommes viennent bientôt à leur rencontre. L'un d'eux, de taille moyenne et de type européen, porte une moustache et un chapeau enfoncé sur la tête. Silencieux, il se tient en retrait quand ses deux solides compagnons s'adressent aux trois promeneurs en portugais. Aharoni laisse ses hommes parler pendant qu'il observe l'homme au chapeau qui fuit son regard. C'est lui, il y mettrait sa main au feu, et Dieu qu'il aimerait lui sauter à la gorge et l'étrangler de toutes ses forces, mais il garde son sang froid, il faut qu'une autre équipe revienne le photographier pour l'identifier avec certitude. Dans quelques semaines seulement, le pire serait d'éveiller les soupçons du suspect. Les trois hommes regagnent la ferme ; Aharoni, son QG parisien, pour envisager une opération plus complexe encore que l'enlèvement d'Eichmann.

## 44.

Dans son bureau, à son retour en France, une surprise l'attend. Le patron du Mossad, Isser Harel, émacié, étonnamment nerveux, lui ordonne de suspendre la traque de Mengele pour se consacrer à celle d'un enfant de huit ans. La police soupçonne son grand-père maternel, un ultra-orthodoxe, de l'avoir enlevé ; le petit Yossele lui avait été confié par ses parents, des juifs laïcs, en grandes difficultés financières ; quand ils sont venus le chercher, le grand-père leur a expliqué que Yossele devait être élevé selon les prescriptions de la Torah et il a refusé de leur rendre leur fils ; à leur seconde visite, le gosse avait disparu. Lorsque le grand-père a été écroué pour avoir refusé de coopérer avec la police, les religieux excédés sont descendus dans la rue et ont jeté des pierres : l'État juif enferme un vieillard, un saint homme, « Ben Gourion est un nazi ». Israël est au bord de la guerre civile, orthodoxes et laïcs s'invectivent et fourbissent leurs armes, le gouvernement chancelle, Ben Gourion risque de perdre sa majorité au Parlement et les prochaines élections. Pour apaiser les tensions, il faut de toute urgence retrouver Yossele, et comme l'enfant se trouve probablement à l'étranger, le Mossad doit intervenir, lancer ses quarante meilleurs limiers à ses trousses, le Premier ministre l'exige. C'est l'opération Tigre, et Aharoni est évidemment mobilisé.

L'officier se pince mais obtempère. À deux doigts de coincer Mengele, peut-être, lui et son équipe doivent porter des barbes postiches afin de s'infiltrer parmi les sectes les plus extravagantes du judaïsme, dans toute l'Europe, aux États-Unis et en Amérique du Sud. Les chasseurs de nazis font chanter des rabbins dans les bordels de Pigalle, photos à l'appui. Une piste enfin s'esquisse : Yossele a été enlevé par une aristocrate française convertie au judaïsme, une héroïne de la Résistance, Madeleine Frei, qui s'est entichée des Gardiens des murs de Jérusalem, la secte du grand-père. Une histoire rocambolesque : Frei a teint en blond les cheveux du garçon et l'a déguisé en fillette pour quitter le territoire israélien. Yossele est finalement retrouvé dans une famille ultra-orthodoxe de Brooklyn et ramené en Israël. L'opération Tigre a duré huit mois et coûté un million de dollars au Mossad.

Entre-temps, Mengele a déménagé.

45.

Un an plus tôt, son acclimatation avait été difficile. Mengele était arrivé au début de la saison sèche à Nova Europa et il n'avait jamais fait aussi chaud dans la région qu'en cette fin d'année 1961 : pas une goutte de pluie avant Noël, les nuits étaient caniculaires, plus irrespirables que chez Krug, à Hohenau. Le travail était exténuant, les sols arides, et les Stammer vivaient dans leur petite exploitation comme au Moyen Âge, sans téléphone ni électricité.

La fermière, Gitta, surveilla attentivement les premiers pas de Peter Hochbichler dans la plantation de café. Il travaillait dès l'aube et quittait les champs plus tard que les autres ouvriers agricoles ; dur à la tâche, il choyait les vaches, les poules, la jument et les trois cochons de l'étable-étuve qui empestait la bouse, en sifflotant des airs de Mozart et de Puccini. Au bout d'un mois, les Stammer, ou plutôt Gitta, puisque Geza ne rentrait chez lui que certains week-ends, décidèrent de garder le paysan besogneux et étrangement narcissique : chaque matin, avant de gagner les pâturages, Hochbichler s'aspergeait d'eau de Cologne et se regardait langoureusement dans le miroir de l'entrée. Il portait en permanence un chapeau qu'il rabattait sur son visage dès qu'un ouvrier l'approchait, et malgré la chaleur accablante, de grandes bottes et un sarrau boutonné jusqu'au cou, une espèce d'imperméable en toile blanche qui le faisait ressembler à un contremaître portuaire chargé de remplir des silos de grains. Ses mains étaient étranges, paumes et phalanges calleuses de travailleur manuel, ongles manucurés de grand bourgeois de Budapest. Il les lavait trente fois par jour et frottait énergiquement ses avant-bras avec du savon noir comme un chirurgien se désinfecte après une opération.

Hochbichler était un drôle d'oiseau : il mangeait et parlait délicatement mais savait confectionner le boudin. Quelques jours avant Noël, il avait fracassé le crâne d'un cochon avec une hache et tranché sa gorge avec un couteau impressionnant qu'il avait affilé la veille. Il avait recueilli le sang qui jaillissait à flots, l'avait battu et brassé avec ses bras jusqu'aux coudes dans une bassine pour l'empêcher de coaguler, puis comme un forcené avait fouillé l'intérieur de l'animal, et maculé de sang, en avait sorti les poumons, les rognons, le foie et le gras des intestins dont les Stammer, les ouvriers et leurs familles s'étaient régalés au réveillon.

Un matin qu'il était au champ, Gitta entra dans sa chambre, qu'il avait, chose rare, oublié de fermer à clé, et fouilla ses affaires. Outre des vêtements de marque pliés avec soin, elle découvrit un parapluie anglais, des centaines de dollars en grosses coupures, des journaux et des revues scientifiques en espagnol et en allemand, un gros carnet cadenassé, des papiers classés qu'elle n'osa pas déchiffrer, des disques d'opéra, des livres dont les auteurs ne lui étaient pas familiers, Heidegger, Carl Schmitt, Novalis, Heinrich von Treitschke. Aussi ne fut-elle qu'à moitié surprise lorsqu'elle découvrit par hasard la véritable identité d'Hochbichler. Le samedi 27 janvier 1962, Geza avait ramené un grand quotidien de São Paulo dont la une affichait pour commémorer le dix-septième anniversaire de la libération du camp de concentration d'Auschwitz la photo d'un jeune médecin SS triomphant surnommé l'ange de la mort, un certain Josef Mengele, toujours en fuite. Le portrait attira l'attention de Gitta qui nota le regard perçant du docteur, ses sourcils méphistophéliques, le fossé entre ses incisives supérieures, son front légèrement bombé. Elle demanda à son fils aîné Roberto d'aller chercher Hochbichler, à qui elle montra la photo. Tremblant, plus blême qu'un mort, il quitta la pièce sans prononcer une parole.

Le soir même, après le repas auquel il toucha à peine, le fermier suisse confessa aux Stammer qu'il était « malheureusement » Mengele, mais qu'il n'avait pas commis les crimes dont « la presse aux ordres des juifs » l'accusait.

## 46.

Vrai ou faux, les Stammer se moquaient des forfaits de Mengele autant que d'Auschwitz. Geza avait étudié en Allemagne pendant la guerre ; ni lui, ni sa future femme ne s'étaient émus de la déportation des juifs de Hongrie, des massacres perpétrés fin 1944 par les Croix fléchées qui avaient fusillé sur les berges du Danube, et jeté vivants dans le fleuve glacé des juifs, des Roms et des opposants au régime de Szálasi dont ils étaient de tièdes supporters. Eux aussi avaient souffert, leurs parents originaires de Transylvanie avaient perdu leurs terres après la défaite de 1918, une sœur de Gitta avait été violée et assassinée par des soldats de l'Armée rouge à leur entrée en Hongrie. Et depuis, leur mère patrie était occupée par les Soviétiques qui les avaient contraints à émigrer et à croupir dans ce trou. Les accusations portées par un quotidien brésilien contre le médecin allemand les laissaient indifférents. Mais ils voulaient la paix.

Ils ne dormirent pas de la nuit : leur fermier suisse était l'un des criminels les plus recherchés au monde, sa tête avait été mise à prix par le gouvernement de l'Allemagne fédérale. Geza paniqué tournait en rond dans leur chambre, le journal à la main, comme une torche incandescente. L'auteur de l'article révélait de source sûre qu'Israël préparait l'enlèvement de Mengele en Amérique du Sud, une opération commando conduite par l'unité de vengeurs qui avait déjà kidnappé Eichmann en Argentine. Le Mossad ne tarderait pas à prendre d'assaut la ferme et à assassiner leurs petits garçons, ils devaient se débarrasser au plus vite de leur hôte. Geza décida d'anticiper son départ pour São Paulo et de contacter Gerhard dans les plus brefs délais.

L'Autrichien tenta de rassurer le Hongrois, personne ne savait où se terrait Mengele, les journaux racontaient n'importe quoi, les Stammer ne risquaient rien. Ils devraient plutôt s'enorgueillir d'héberger une sommité scientifique du Troisième Reich et d'accomplir une mission si précieuse à la cause qui finirait par triompher, pour des paysans magyars anonymes (des sous-merdes, pensait Gerhard), c'était une chance inespérée. Stammer haussa les épaules et la voix, il n'avait rien à faire de sa cause, Hochbichler-Mengele devait dégager au plus vite. Gerhard finit par le lui promettre, mais il devait contacter au préalable la famille de l'intéressé à Günzburg, «un peu de patience, cher ami», et d'ici là, le mit-il en garde, en effleurant sa poche revolver, pas un mot, pas d'initiative malencontreuse, les nazis très puissants au Brésil leur feraient payer très cher une dénonciation: «Geza, songez à l'avenir de vos enfants.»

47.

Quelques semaines plus tard, la Ford Anglia de Gerhard émergea d'un nuage de poussière devant la ferme des Stammer. L'Autrichien ouvrit la portière à un homme courtaud, chiffonné par un long voyage transatlantique et des kilomètres de piste. «Monsieur Hans», le commis du diable, tenait dans sa main gauche une mallette de cuir noir reliée au poignet par une chaîne argentée. Il en tira une enveloppe scellée. Lui aussi pensait à l'avenir des garçons Stammer, Roberto et Miklos, dont il caressa les têtes blondes: deux mille dollars, pour gagner du temps et remercier leurs parents, car ni Gerhard, ni Rudel n'avaient réussi à trouver un nouveau foyer à leur ami Hochbichler. Les Stammer avaient, maintenant, de quoi patienter, Gerhard reviendrait vers eux aussi rapidement que possible pour les délester de leur encombrant visiteur.

Avant de repartir, Sedlmeier fit une brève promenade avec Mengele. Les joues creuses, mal rasé, l'ami si soigné d'ordinaire était méconnaissable dans son accoutrement d'épouvantail. Depuis que les Stammer avaient découvert son identité, il était rongé d'angoisse et il avait été traumatisé par les informations sur le procès d'Eichmann à Jérusalem suivi de loin en loin, lorsqu'un journal se présentait. Il implora Sedlmeier de le sortir de cette nasse. Il était à bout, épuisé par cette cavale sans fin, de planque en planque, cette vie de reclus, de bête traquée, parmi les jaguars et les fourmiliers. Et cette savane et cette chaleur maudite. Il n'était plus capable de lire trois pages d'affilée : bientôt, il deviendrait complètement dingue. Sedlmeier l'aida à se relever et lui tendit un mouchoir après avoir épousseté son complet en gabardine : les Mengele ne le lâcheraient pas, l'argent pouvait déplacer des montagnes. Martha, qui venait de s'installer avec Karl-Heinz à Merano dans le Sud-Tyrol, était très courageuse, une fidèle épouse allemande, elle avait refusé toutes les sollicitations des journalistes, il pouvait lui faire confiance. Et Irene, ne put s'empêcher de demander Mengele ? En pleine forme, épanouie comme jamais, avoua Sedlmeier. À Fribourg, Rolf aussi allait bien mais, sous l'emprise de sa mère, il snobait ses cousins et toute la famille. Il envisageait des études de droit. Sedlmeier plongea alors ses yeux dans ceux rougis de Mengele : ils devaient cesser de s'écrire, c'était trop dangereux, des inconnus rôdaient autour de l'usine et du manoir familial à Günzburg, à Merano, Martha se sentait surveillée. Le

133

mois dernier, deux électriciens s'étaient présentés chez elle sans qu'elle les ait sollicités. Il ne devait parler qu'à Gerhard.

Les semaines suivantes furent orageuses à la ferme de Nova Europa. Des averses brûlantes noyaient la savane, les garçons Stammer évitaient l'oncle Peter, Geza se rongeait les sangs à l'idée de laisser sa famille à la merci du nazi fanatique et d'un raid du Mossad pendant que lui arpentait la campagne loin des siens pour un salaire de misère. Gitta épiait tous les faits et gestes d'Hochbichler. Mutique et renfrogné à table, il détournait le regard dès qu'elle essayait de le croiser. Sitôt le dîner achevé, il s'enfermait à double tour dans sa chambre où Gitta l'entendait marmonner et faire les cent pas. Dans les champs de maïs, Hochbichler aboyait ses directives aux ouvriers et explosait de colère s'ils ne les respectaient pas ou comprenaient mal ses gestes et son sabir portugais. Au moins, remarquait Gitta, ces trois fainéants (deux Noirs, une métisse) avaient peur de lui et travaillaient dur alors qu'ils n'en fichaient pas une d'habitude tant Geza manquait d'autorité. Le criminel de guerre en imposait.

Un mois s'écoula encore sans que Gerhard se manifestât. Geza était de plus en plus tendu. Il annonça finalement à Gitta qu'il emmènerait Hochbichler de gré ou de force à São Paulo la semaine suivante. La comédie avait assez duré, Gerhard ou un autre illuminé le récupérerait, ce n'était pas son affaire, et si les nazis les inquiétaient, il balancerait toute l'histoire à un journaliste local de sa connaissance. Sa femme s'y opposa. Le médecin était probablement armé et l'Autrichien capable des coups les plus tordus pour le protéger. Elle avait une meilleure idée : les richards bavarois avaient besoin d'eux ; ils ne sauraient rien leur refuser. Hochbichler, elle ne voulait pas l'appeler Mengele, était un filon extraordinaire. Plutôt que le larguer dans la nature, il valait mieux faire monter les enchères en demandant à Gerhard une nouvelle somme extravagante. Ou bien la famille du fuyard pourrait leur payer une grande ferme dans une région plus aimable. Ensuite, ils trouveraient toujours le moyen de s'en débarrasser, Hochbichler ne resterait pas dix ans chez eux.

Les Stammer se disputèrent à la lueur de bougies vacillantes. Geza dit à sa femme qu'elle avait perdu la tête, Gitta lui rétorqua que tout était de sa faute, s'il avait une meilleure situation, ils n'auraient pas à héberger un Allemand lunatique pour subvenir à leurs besoins. Il lui avait promis monts et merveilles avant de l'épouser. Combien de temps encore allaient-ils vivoter dans cette souricière ? Pensait-il à l'avenir de leurs garçons ? Il fallait plus d'argent pour leur éducation. Et si d'aventure la police arrêtait Hochbichler, que risquaient-ils ? Ils pourraient déclarer qu'ils ne connaissaient pas sa véritable identité et que Gerhard les avait dupés.

Le jour pointait quand Geza céda aux arguments de sa femme. À São Paulo, il transmit leurs nouvelles exigences à l'Autrichien qui revint cette foi rapidement vers eux : les Mengele acceptaient de leur offrir une nouvelle exploitation, ou plutôt la moitié du capital, à eux de trouver la seconde en vendant leurs terres de Nova Europa. L'accord fut conclu. Quelques semaines plus tard, les Stammer et Hochbichler déménagèrent dans une ferme isolée de quarante-cinq hectares. Cinq mois avant que le Mossad ne retrouve le petit Yossele.

## 48.

À peine installé à Serra Negra, le 1er juin 1962, Mengele apprend la pendaison d'Eichmann dans la cour de la prison de Ramla. Il est bouleversé. Aussitôt l'information entendue sur le transistor de Roberto, il file dans sa chambre consigner son désespoir et ses craintes, cette peur qui ne le lâche jamais, le paralyse et l'entrave depuis qu'il a quitté son cocon de Buenos Aires.

Eichmann exécuté par les juifs! Ses cendres dispersées en Méditerranée afin d'empêcher sa femme et ses fils de se recueillir sur sa tombe! Mengele tremble, le front perlé de sueur froide, en noircissant des pages et des pages d'une écriture serrée dans des cahiers d'écolier à spirale où il parle de lui à la troisième personne et se prénomme Andreas. Jamais il n'aurait imaginé consacrer plus de trois lignes à l'Autrichien honni et frustré, mais en rendant hommage à Eichmann qui ne l'a pas dénoncé, il s'apitoie sur son propre sort, prépare sa défense, et ne pense qu'à lui, comme toujours. Eichmann, le bouc émissaire et le paria, griffonne Mengele. Les Allemands l'ont trahi et abandonné à la fureur vengeresse des juifs ; ils regretteront un jour d'avoir sacrifié des hommes d'honneur qui se sont battus jusqu'à leur dernière cartouche pour la patrie et le Führer. Honte aux Allemands, ramassis de mauviettes et de lâches, nation de boutiquiers médiocres aveulis par des dirigeants de pacotille, vendus aux plus offrants, aux marchands du temple : ils ont lâché Eichmann ! Ils lui ont tiré une balle dans le dos, alors qu'il n'avait fait que son devoir et que nous nous étions contentés d'obéir aux ordres, au nom de l'Allemagne, pour l'Allemagne, pour la grandeur de notre chère patrie. L'Allemagne ingrate nous cloue maintenant au pilori et se laisse manœuvrer par nos pires ennemis. Quel pays en ce bas monde punit ses plus zélés serviteurs et ses meilleurs patriotes ? L'Allemagne d'Adenauer, c'est un ogre qui dévore ses enfants. Nous y passerons tous, les uns après les autres, pauvres de nous…

Mengele ne s'est jamais senti aussi seul qu'en cette nuit d'orage. Pendant qu'il déverse sa bile en mordillant sa moustache, des éclairs zèbrent les ténèbres et le ciel gronde, comme si les orgues de Staline pilonnaient la colline où est perchée la ferme Santa Luzia. Enfer et damnation, marmonne-t-il, Dieu qu'il est tombé bas, qu'il a dégringolé de la surface de la terre ces trois dernières années, disparu, insignifiant, tout juste maintenu en vie par deux fils fragiles, cette famille de Hongrois qui tôt ou tard le trahira, et l'envahissant Gerhard, perdant radical, nazillon du Brésil. Ces fines cordelettes menacent de rompre à tout moment. Effrayant! À l'aube, Mengele s'effondre en nage sur son lit.

## 49.

Baigné d'une lumière blanche, un carrefour cerné de hauts bâtiments sans portes ni fenêtres et surmontés de cheminées qui grimpent jusqu'au ciel empeste la chair grillée. Mengele est au centre; il a rajeuni de vingt ans et porte son uniforme SS à tête de mort. Ses bottes lustrées pataugent dans le sang, toute la place déserte est jonchée de sang et survolée par de grands rapaces noirs. Mengele se tourne et se retourne, désemparé, incapable de s'orienter, il distingue huit ouvertures mais laquelle choisir? De la droite surgit un bruit sourd, comme une cascade, un roulement de tambours, de plus en plus fort, tonitruant, des aboiements, des chiens, oui, une meute de chiens s'approche du carrefour. Mengele s'élance à gauche. Il court le long d'une venelle en s'éclaboussant de sang, mais les bêtes se rapprochent, sans les voir il les entend, alors de toutes ses forces il accélère, oblique à gauche, à droite, à gauche encore, haletant. Soudain les glapissements cessent et l'odeur de viande carbonisée s'estompe. Mengele n'entend plus que les palpitations effrénées de son cœur. Et un sifflement lancinant lorsqu'il atteint le croisement suivant. Un cobra se dresse à main droite et barre le chemin qui mène à un buste d'Hitler. Il tourne à gauche à regret, s'avance dans un long couloir tapissé de mille reproductions de la Vierge éclairées par des chandeliers en or à sept branches. Il a froid, soif et faim, du sang jusqu'aux chevilles, dans le corridor aussi des filets de sang suintent des parois. Pourtant il reprend espoir : il perçoit une très vive lumière au bout du tunnel, des voix et des rires familiers de femmes et d'enfants, enfin il va quitter le labyrinthe. Malheur, il débouche sur le carrefour initial ; il tourne en rond. Des gens festoient bel et bien et jouent de la musique sur la terrasse d'un bâtiment de la place. Le premier qui l'aperçoit alerte les autres et voilà qu'ils se penchent sur le parapet, le pointent et le moquent, le huent, lui jettent des noyaux d'olives, des tomates, des flèches, et même un chaudron de chaux vive comme au Moyen Âge. Mengele lève ses poings mais aucune parole ne sort de sa bouche. Il croit distinguer Sassen, Rudel et Fritsch qui trinquent sur la terrasse avec Médée, la magicienne vengeresse, et avec le terrible Saturne appuyé sur sa faux, quand les rapaces noirs fondent sur lui. Il se jette à terre, rampe jusqu'à la ruelle la plus proche, maculé de sang. Le ciel s'assombrit et il court à nouveau à perdre haleine, droit devant lui, une heure, deux heures, une éternité, jusqu'à retomber sur le carrefour maudit.

À présent, la nuit est tombée, un croissant de lune illumine la place qui a retrouvé son calme. Le sang a disparu, comme aspiré par la terre ocre. Des vitrines ont fait leur apparition au rez-de-chaussée des bâtiments en briques. Chacune abrite un gros poste de télévision en noir et blanc. Mengele s'approche et constate dans le reflet qu'il a retrouvé ses traits vieillis ainsi que son chapeau à larges bords, sa moustache, son grand imperméable blanc. Sur l'écran, il voit Martha en tailleur sur le pont d'un navire qui agite une main pour le saluer. Dans la deuxième vitrine, la télévision montre Rolf adolescent lire un livre en se passant la main dans les cheveux. Il ne lève pas les yeux pour regarder son père. Encore une vitrine, et Mengele regarde Irene faire l'amour avec le marchand de chaussures de Fribourg. Il tape de toutes ses forces contre la vitre mais le verre est incassable, alors il s'enfuit en hurlant de douleur jusqu'au prochain écran qui diffuse un enterrement, celui de Karl senior, il déchiffre le nom de son père sur une couronne de fleurs, reconnaît dans le cortège son frère Alois accompagné de sa femme Ruth et de son fils Dieter, Sedlmeier, effondré et vêtu de noir, qui donne le bras à son épouse, et les édiles de Günzburg.

L'angélus sonne.

Mengele se réveille, brûlant de fièvre.


## 50.


Son état empire les jours suivants. Mengele garde le lit, délire, s'alimente peu. Gitta s'inquiète : et si le criminel de guerre mourait chez eux ? Évidemment, Geza n'est pas là pour l'aider. Lorsqu'elle s'apprête à chercher un médecin, le malade rassemble ses forces et lui intime d'y renoncer. Au sixième jour, la fièvre reflue. Gitta vient régulièrement, aère sa chambre, amène de la soupe et de grands bols de thé, et lui applique des compresses froides sur le front. Elle l'appelle désormais Peter. Un après-midi humide où ses fils sont à l'école et les ouvriers au champ, elle glisse une main impatiente sous les couvertures, caresse et tire le membre recroquevillé du malade. Mengele se contorsionne, gémit, quand la fermière hongroise, jupe relevée, commence à le chevaucher. Gitta rattache ses cheveux et s'éclipse en silence.

Voilà quinze ans qu'elle se languit sous les tropiques. Toujours seule, à s'occuper des petits, rabrouer les employés, bêcher les sols stériles ; toujours à fleurir les parterres, gérer les budgets, cuisiner, coudre, blanchir, pendant que Geza traîne Dieu sait où et ne rentre qu'un week-end sur trois, la bourse vide, un bouquet de fleurs à la main pour faire amnistier ses échecs récurrents. Il lui a volé sa jeunesse. Gitta rêvait de la vie clinquante d'une ballerine étoile à l'Opéra de Budapest ou de Vienne. Elle est persuadée d'avoir manqué de chance. À Debrecen, sa ville natale, le directeur de la compagnie de danse où elle exerçait ses talents avait brisé sa carrière en propulsant sur la scène de la capitale sa rivale, moins douée qu'elle pourtant. Un salaud de juif, répète-t-elle à ses enfants, que Dieu avait châtié en l'envoyant avec sa famille dans un des camps de concentration qui pullulèrent en Europe orientale quelques années plus tard. On ne les revit jamais. Mais pour Gitta, c'était terminé, la guerre, l'exil, le mariage et les grossesses étaient passés par là. Le temps avait accompli son œuvre destructrice.

À quarante-deux ans, ses jambes sont encore fermes, son buste droit, ses fesses effrontément pommelées. La chaleur, la moiteur, la promiscuité : le Brésil a surpris ce corps tonique. Quelques jours après le départ de Geza, Gitta est déjà frustrée. Une fois, une seule fois avant l'arrivée d'Hochbichler, elle s'est abandonnée à un métayer de passage, un grand mulâtre, coucherie dont l'Européenne honteuse mit des mois à se remettre.

Peter l'attire. Ses tempes grisonnantes, sa moustache et cette façon de lisser ses cheveux en arrière, comme les pilotes automobiles argentins des revues illustrées... Ses yeux constamment en mouvement. Gitta apprécie sa poigne, elle lui sera indispensable maintenant que sept ouvriers agricoles viennent d'être embauchés pour cultiver les sols rouges très riches de la nouvelle exploitation. Et elle trouve excitant d'héberger un personnage de romans d'espionnage. Enfin un peu d'adrénaline... Bien fait pour Geza, se dit-elle, elle l'avait mis en garde à maintes reprises.

À Nova Europa, quelques semaines avant le déménagement, Peter l'a impressionnée en opérant une vache d'une hernie ventrale. Il a ouvert l'animal déformé par une énorme poche qui pendait jusqu'au sol, corrigé l'hernie et recousu la peau avec dextérité, du grand art, la vache n'a qu'une timide cicatrice et se porte comme un charme. Grâce à ses talents, elle se réjouit d'économiser les frais de vétérinaire, toujours dispendieux.

L'autre jour, Peter l'a fait rire. Il a découvert une fourmilière. Plutôt que d'y mettre le feu, il a accroché un poids à une corde qu'il a enroulée autour d'une branche d'eucalyptus. Des heures durant, comme un élève ingénieur, il a calculé, dessiné, fignolé le plan de la poulie pour écraser la fourmilière. Jamais Gitta ne l'avait vu si affairé et si enthousiaste qu'après sa destruction, bien davantage qu'après leurs ébats. Quelques heures plus tard, les fourmis blanches ont installé leur nid un peu plus loin.

Peter ne sera pas un amant inoubliable ; il n'a ni la vigueur ni la fantaisie de Geza. Mais il a le mérite d'être à sa disposition les mornes après-midi poisseux. Il ne saura rien lui refuser, il n'a pas intérêt en tout cas. Et comme Gitta l'escomptait, les dollars pleuvent grâce à lui, il suffit de se plaindre auprès de Gerhard pour obtenir une rallonge. Elle s'est offert deux robes dans une boutique de Serra Negra et a acheté des cartables en cuir aux garçons. Un nouveau lit est en commande. Et l'électricité une bénédiction.

## 51.

Surpris par l'assaut de Gitta, Mengele remis sur pied fait le point. Elle ne lui plaît pas. Ses cheveux blonds peroxydés sont aussi vulgaires que ses manières et ses yeux mornes ; son visage huileux a conservé des traces d'acné juvénile. Sa bouche est intimidante et ses dents probablement gâtées tant son haleine était nauséabonde quand il était alité et qu'elle lui tenait la jambe. Elle parle mieux l'allemand que son imbécile de mari ; son accent hongrois est toutefois insupportable. Mais Gitta est son assurance vie. S'il la maintient sous sa coupe, il pourra rester tapi chez les Stammer. Aussi est-il prêt à donner de sa personne, d'autant que la fazenda Santa Luzia ne lui déplaît pas. La ferme est enfouie dans la végétation, le climat de la région plus tempéré qu'à Nova Europa, les paysages doux, et il est fasciné par les papillons aux ailes rouges, azur, orange ou noires à pois blancs, de la taille d'une main d'adulte. La jungle a supplanté la savane jaunie. Les collines et les bois dissimulent des sources cristallines : Serra Negra est une ville thermale depuis sa fondation par des pionniers italiens. Plantée sur une colline telle une forteresse médiévale, la ferme domine la plaine. Tourmenté depuis la pendaison d'Eichmann, Mengele s'y sent en relative sûreté, davantage que dans toutes ses planques depuis qu'il a quitté l'Argentine. À l'arrière de l'exploitation et de la plantation de café, un piton rocheux, une cloison sauvage de récifs et de futaies impénétrables protègent ses arrières.

Mengele ne quitte jamais la ferme et ne reçoit personne, sauf Gerhard qui lui apporte des journaux, des livres et des suppositoires laxatifs, parfois des disques de musique classique. Avant que les Stammer accueillent leurs rares visiteurs, des voisins, riches Allemands, colons italiens, il les crible de questions : qui sont-ils,

144

d'où viennent-ils, les connaissent-ils depuis longtemps? Même rassuré, il ne se montre pas. Le samedi, il disparaît sitôt après avoir salué les copains de Roberto et de Miklos qui viennent jouer l'après-midi. Il est leur *tio Pedro*, l'oncle Peter, le vieux Suisse excentrique qu'il est interdit de prendre en photo et de mentionner à l'extérieur. Il demande aux Stammer d'engager un gardien, sa famille paiera. Il vit entouré de chiens, une meute d'une quinzaine de bâtards qu'il a dressés et dont il s'entoure quand il sort dans la jungle. Le chef de la bande, Cigano, ne le quitte pas d'une semelle. Mais la pièce maîtresse de son dispositif est un mirador de six mètres de hauteur qu'il fait construire par un employé de la ferme sous prétexte d'observer les oiseaux. Menacé par les termites, le bois est remplacé par une structure en pierre, impressionnante tour de guet attenante à la ferme d'où Mengele, en tenue d'apiculteur et des jumelles Zeiss autour du cou, scrute chaque jour, pendant des heures, la route départementale qui serpente à travers les collines et la piste en terre pourpre qui monte jusqu'à la ferme. Aucun mouvement ne peut lui échapper. Par temps dégagé, il voit à des kilomètres à la ronde, jusqu'au village de Lindonia. Comme un hibou il grimpe à son clocher au crépuscule saturé de moustiques et fouille les ténèbres; aux aguets, mélancolique ou assoupi, il laisse inlassablement tourner des opéras de Wagner et des cantates de Bach sur l'électrophone Teppaz que Gerhard lui a acheté à São Paulo. Lorsqu'il descend se coucher enfin, ses chiens montent la garde.

## 52.

Les jours, les semaines, les mois défilent, ainsi stagne la vie confinée de Mengele au Brésil dans son cachot ouvert sur l'infini et loin des hommes, une vie figée dans un bourdonnement incessant, dans l'alternance des saisons sèches ou bien humides, les ouragans, les chaleurs hermétiques, les pluies languides, cernée de mille-pattes et de serpents, de scorpions et de vers parasites, d'eucalyptus et de jacquiers aux racines entrelacées, monstrueuses pattes de dinosaures.

Mengele tombe souvent malade. Infecté par une bactérie ou peut-être atteint de paludisme, des maux de tête, des courbatures l'assaillent, suivis de nausées et de diarrhées, de frissons intenses et de pics fébriles. Il dort mal et peu, miné par les cauchemars, par des visions qu'il ne parvient plus à refouler, les flammes d'un four crématoire, des nourrissons agonisants dont les yeux sont épinglés aux murs de son laboratoire comme des papillons, Eichmann dans sa cage à Jérusalem, un rabbin à longues papillotes rousses qui lui disloque les os et le jette dans la graisse humaine bouillonnante. Il entend des voix, des gémissements et des pleurs, les sirènes des Stukas qui piquent sur la ferme de Santa Luzia.

Il lui arrive parfois d'oublier l'impasse dans laquelle il se trouve et la peur qui lui ronge quotidiennement les entrailles. Ses chiens lui obéissent au doigt et à l'œil et le lèchent affectueusement. Il se détend en bricolant, travaille le bois dont il confectionne de menus objets et s'intéresse aux fleurs et à la botanique des contrées tropicales, comme Napoléon confiné à Sainte-Hélène. Il écrit, aussi, des poèmes ampoulés et le début d'un récit épique, une peinture exhaustive de son enfance et de ses années de formation qu'il destine à Karl-Heinz et à Rolf, au cas où il sortirait un jour de son trou.

Tout le reste est pénible et laborieux. Gitta l'épie, gratte à sa porte, le harcèle régulièrement. Il ne peut rien refuser à la Bovary des tropiques, la nuit, pendant que les garçons dorment, ou l'après-midi, dès que les employés ont le dos tourné, une gâterie derrière un manguier. Le travail dans les champs et la plantation de café l'assomme, les vaches et les cochons l'épuisent, il n'est décidément pas fait pour l'utopie agraire de la SS, le contact avec la terre, la vie saine, le grand air. Alors Mengele se venge sur les ouvriers agricoles qu'il tyrannise comme un seigneur russe humiliait ses serfs corvéables à merci. Il leur interdit de fumer et de boire de l'alcool, même le dimanche : un paysan ivre est renvoyé sur-le-champ. S'il méprisait les Argentins, il honnit les Brésiliens, métis d'Indiens, d'Africains et d'Européens, peuple antéchrist pour un théoricien fanatique de la race, et regrette l'abolition de l'esclavage. Il consigne régulièrement ses observations dans son journal. Le métissage est une malédiction, la cause du déclin de toute culture. Ses stigmates expliquent la bonne humeur constante des ouvriers, «des petits singes», note Mengele, leur nonchalance, leur sens de l'improvisation et leur joyeuse pagaille qui l'agacent tant. «Dans la mesure où les Brésiliens sont des bâtards raciaux, l'hétérogénéité de leurs substances se traduit par une schizophrénie de l'esprit. Ils sont privés de conscience pure et de volonté claire; des êtres divers et contradictoires coexistent et se combattent en eux. Ils forment un peuple incertain, trouble et dangereux, comme les juifs, alors que les esprits sains et décisifs sont issus d'une biologie fidèle à son identité raciale.»

Au discret Hochbichler a succédé Mengele le despote qui s'insinue partout. De Roberto et de Miklos, il exige plus d'assiduité à l'école, de meilleures notes et de la discipline, comme de ses propres fils. Il juge leur allemand exécrable et manque rarement une occasion de le leur signaler. Ils feraient mieux d'apprendre le solfège plutôt que de traîner avec les garnements du village, à chasser les chauves-souris au lance-pierre. Il leur interdit de mâcher du chewing-gum en sa présence, leur conseille de se méfier des filles, de ne fréquenter que des fils d'Européens, et s'est opposé à la surprise-partie que Roberto envisageait pour ses quinze ans. Le jour où il les a surpris à écouter un 45 tours des Beatles sur son Teppaz en haut du mirador, il a explosé de colère. Jamais les fils Stammer n'avaient subi pareille engueulade; Gitta est intervenue. À elle aussi, il fait la guerre, à elle surtout: Mengele prend un malin plaisir à la chicaner. Elle dort trop longtemps et devrait être attentive à son alimentation, se brosser les dents plus soigneusement, ne pas fumer autant. Il lui reproche d'être fagotée comme une paysanne et de se gratter le derrière devant les ouvriers. Sa cuisine laisse à désirer, trop de sel et de paprika, Gitta pourrait s'appliquer, doser ses sauces et ses purées avec davantage de subtilité, et mieux faire le ménage. Mengele, maniaque, éprouve un dégoût pathologique pour la saleté. Malheur à celui qui trouble son mode de vie immuable et ordonné, emprunte un stylo, des ciseaux, un livre, déplace une chaise ou un tapis : il entre dans une fureur noire et vocifère et gémit, comme si la disparition d'un objet ébranlait le fragile ordonnancement de son existence et illustrait le néant de son immense solitude.

## 53.

Mengele reçoit enfin des nouvelles de sa famille à la mi-1963. Le facteur Gerhard reprend ses bons offices : Sedlmeier l'informe que les intrus ont déserté Günzburg et que Martha n'est plus suivie à Merano. La traque de Mengele semble à nouveau interrompue.

Après le succès laborieux de l'opération Tigre, le Mossad se recentre sur le Moyen-Orient. Son patron, Harel, reste sous pression car cette fois la menace est gravissime : Israël est en danger de mort depuis que l'Égypte a testé en juillet 1962 un missile balistique capable d'atteindre n'importe quel point de son territoire. À l'occasion d'une parade militaire triomphale dans les rues du Caire, Nasser a exhibé ses nouvelles roquettes d'une portée de six cents kilomètres. Des scientifiques nazis, des vétérans du programme V2 d'Hitler, encadrent les savants égyptiens. Neuf cents fusées sont en construction sur un site ultra-secret, la Factory 333 ; elles pourraient être équipées de déchets radioactifs ou de têtes nucléaires, avertissent les rapports les plus alarmistes.

À force de dilapider ses maigres ressources à la traque des nazis en Amérique du Sud et à celle du petit Yossele, des coups d'éclat qui ont fait d'Harel une célébrité mondiale, le Mossad est en train de faillir à sa véritable mission, la sécurité d'Israël. Son patron est chahuté. Ses détracteurs lui reprochent de transformer l'agence en officine de relations publiques. Pour les démentir, Harel lance l'opération Damoclès : l'élimination physique des scientifiques allemands impliqués dans le programme de missiles égyptiens. Certains reçoivent des lettres piégées, d'autres sont enlevés ou simplement assassinés. Lorsque les agents israéliens qui menaçaient la fille du responsable du système de guidage des roquettes sont arrêtés en Suisse et accusés de meurtre et de tentative de meurtre, le scandale éclate, au point de mettre en péril les relations avec l'Allemagne fédérale, cruciales pour les intérêts économiques et militaires de l'État hébreu. Forcé à la démission, Harel est remplacé par le général Meir Amit. La traque des nazis n'est pas sa priorité, le Mossad doit se consacrer à la collecte d'informations et à la lutte contre ses ennemis arabes. Israël a besoin d'alliés et l'enlèvement d'Eichmann a été mal accueilli par la communauté internationale. Les États ne badinent pas avec leur souveraineté.

La conflagration décisive de 1967 se prépare.

La capture de Mengele passe au second plan.

## 54.

Début 1964, Mengele apprend une terrible nouvelle. Il sent comme une dague transpercer ses côtes et s'enfoncer jusqu'au cœur à mesure qu'il déchiffre la lettre de Martha : il a été déchu de tous ses diplômes universitaires. Parce qu'il a violé le serment d'Hippocrate et commis des meurtres à Auschwitz, les universités de Francfort et de Munich lui retirent ses titres de docteur en médecine et en anthropologie.

Tant d'efforts et de sacrifices réduits à néant par d'obscurs bureaucrates... Mengele est anéanti. Lui, l'ambitieux chirurgien du peuple maintes fois décoré, le grand espoir de la recherche génétique, dépossédé de ses plus chers trésors, de sa plus grande fierté, expériences invalidées, comme un vulgaire charlatan !

Mengele brûle la lettre de sa femme, déserte la plantation et s'en va ruminer sa disgrâce dans la jungle, flanqué de ses chiens. Maudite et injuste Allemagne, lui n'a fait que son devoir de fantassin de la biopolitique nazie. Une génération plus tôt, les Allemands considéraient pourtant le darwinisme et l'eugénisme comme les socles d'une société moderne et fonctionnelle. Tout le monde voulait faire de la biologie car elle menait aux carrières les plus prestigieuses et les plus rémunératrices. Oui, marmotte Mengele au bâtard Cigano, la société allemande ne raisonnait alors qu'en termes biologiques. La race, le sang : les lois fondamentales de la vie régissaient le droit, la guerre, le sexe, les relations internationales et la science suprême, la médecine. À l'université, toute sa promo admirait la Grèce antique parce que l'individu éphémère s'y pliait aux exigences de la communauté et de l'État. Pour sa génération, les inférieurs, les improductifs et les parasites étaient indignes de vivre. Hitler les guidait. Mengele n'était pas le seul à l'avoir suivi, les Allemands s'étaient tous laissé ensorceler par le Führer, par la mission grisante et titanesque qu'il leur avait confiée, guérir le peuple, purifier la race, construire un ordre social conforme à la nature, étendre l'espace vital, perfectionner l'espèce humaine. Il avait été à la hauteur, il le savait. Pouvait-on le lui reprocher ? Lui retirer si facilement ses précieux titres universitaires ? Il avait eu le courage d'éliminer la maladie en éliminant les malades, le système l'y encourageait, ses lois l'autorisaient, le meurtre était une entreprise d'État.

Fou de rage, Mengele balance un grand coup de pied dans une termitière devant ses chiens qui jappent et bavent. À Auschwitz, les cartels allemands s'en sont mis plein les poches en exploitant la main-d'œuvre servile à leur disposition jusqu'à épuisement. Auschwitz, une entreprise fructueuse : avant son arrivée au camp, les déportés produisaient déjà du caoutchouc synthétique pour IG Farben et des armes pour Krupp. L'usine de feutre Alex Zink achetait des cheveux de femmes par sacs entiers à la Kommandantur et en faisait des chaussettes pour les équipages de sous-marins ou des tuyaux pour les chemins de fer. Les laboratoires Schering rémunéraient un de ses confrères pour qu'il procède à des expérimentations sur la fécondation in vitro et Bayer testait de nouveaux médicaments contre le typhus sur des détenus du camp. Vingt ans plus tard, bougonne Mengele, les dirigeants de ces entreprises ont retourné leur veste. Ils fument le cigare entourés de leur famille en sirotant de bons vins dans leur villa de Munich ou de Francfort pendant que lui patauge dans la bouse de vache! Traîtres! Planqués! Pourritures! En travaillant main dans la main à Auschwitz, industries, banques et organismes gouvernementaux en ont tiré des profits exorbitants; lui qui ne s'est pas enrichi d'un pfennig doit payer seul l'addition.


55.


Mengele est amer ce jour-là. Il s'apitoie sur son sort, comme toujours, sans remords ni regrets, et déverse son fiel sur ses quadrupèdes et sur les baobabs de la forêt vierge qui murmure et chante mais ne l'écoute pas. Arrivé dans une clairière, il s'assoit sur un tronc, la tête entre les mains, et songe à ses confrères d'Auschwitz, vingt médecins SS affectés au camp. Horst Schumann stérilisait hommes et femmes en les irradiant aux rayons X avant de castrer les premiers et de soumettre les secondes à une ovariectomie. Carl Clauberg implantait des fœtus d'animaux dans le ventre de ses cobayes humains et les stérilisait en leur injectant des substances à base de formol dans le système génital. Le pharmacien Victor Capesius chapardait les prothèses dentaires encore saignantes des déportés assassinés pour les vendre à l'extérieur du camp. Friedrich Entress inoculait le typhus aux détenus et les éliminait par injections intracardiaques de phénol. August Hirt injectait des hormones aux homosexuels et assassinait pour établir une typologie du squelette juif. Et tous les autres qui sévissaient dans les camps (trois cent cinquante professeurs d'université, biologistes, médecins) et avaient participé au programme T4 d'euthanasie, qu'étaient-ils devenus ? Quelques-uns s'étaient donné la mort ou avaient été condamnés après guerre lors d'un des procès de Nuremberg mais la plupart étaient passés entre les mailles du filet, avaient réintégré leur famille et la société civile puis repris leur carrière, Mengele le savait et il en était malade.

De retour à la ferme, il grimpe à son mirador. Il sanglote en pensant que ses mentors, Eugen Fischer et le baron Otmar von Verschuer, ont admirablement tiré leur épingle du jeu. Fischer, le vieux ponte, théoricien de l'hygiène raciale et inspirateur d'Hitler après avoir participé à l'extermination des Héréros et des Namas en Namibie, coule une paisible retraite à Fribourg-en-Brisgau aux côtés de Martin Heidegger, son meilleur ami. Membre d'honneur des sociétés allemandes d'anthropologie et d'anatomie, Fischer a même publié avec succès ses mémoires, *Rencontre avec les morts*. Son père lui en avait envoyé un exemplaire peu avant de mourir. Von Verschuer, l'ancien patron de l'Institut Kaiser Wilhelm de Berlin, à qui Mengele envoyait des échantillons de sang, des yeux vairons et des squelettes d'enfants d'Auschwitz, von Verschuer, grand admirateur du Führer, « le premier homme d'État à prendre en compte l'hérédité biologique et l'hygiène de la race », se félicitait-il, von Verschuer a été nommé professeur de génétique humaine à l'université de Münster dont il est par la suite devenu le doyen, et il dirige le plus grand centre de recherches génétiques d'Allemagne de l'Ouest. Mengele se souvient qu'à l'occasion d'une de ses permissions du front russe, ils sont allés ensemble au cinéma voir *Der ewige Jude*. Dans la salle comble, ils conspuaient avec les spectateurs chaque apparition à l'écran du juif diabolique, en croquant comme leurs voisins des bonbons incrustés de swastikas en pâte de sucre au goût framboise. Les deux médecins partageaient le même enthousiasme pour le nazisme. Mengele lui a écrit plusieurs fois d'Argentine mais le baron, qui a détruit leur correspondance et ses archives compromettantes à la fin de la guerre, ne lui a jamais répondu. Ni lui ni Fischer n'ont été poursuivis en justice.

Les fils de putain, les fils de putain, geint Mengele poings serrés dans sa tour.

Fischer mourra dans son lit à quatre-vingt-treize ans en 1967, von Verschuer dans un accident de voiture, deux ans plus tard.

## 56.

Se doute-t-il des tromperies et des mensonges de sa femme? De sa liaison tumultueuse avec le nazi aca-riâtre? Geza Stammer honnit Mengele. Insouciant, bon vivant et paresseux, le Hongrois aime boire, chanter et fumer, jouir de l'existence que le docteur Hochbichler, ainsi l'appelle-t-il pour l'agacer, lui empoisonne quand il rentre à la ferme: Mengele le méprise et ne s'en cache pas. Si elle ne devait compter que sur Geza, la famille Stammer croupirait toujours au fond de la savane. Elle a pu déménager grâce à l'argent de Mengele, acheter des machines agricoles qui dopent ses revenus et Gitta s'est offert des tenues, de la literie et de la vaisselle dont elle n'aurait même pas osé rêver. Il la possède de surcroît: Mengele s'estime en mesure de donner des conseils à cet incapable de Geza. Il devrait exiger une augmenta-tion à son patron qui l'exploite sans vergogne; lui et sa femme seraient avisés d'être plus sévères avec leurs fils dont l'éducation laisse à désirer, ainsi Roberto, dont la coupe au bol est indécente, ferait bien d'aller régulière-ment chez le coiffeur. Ce foyer est une pétaudière parce que le chef de famille manque d'autorité. Lorsque Geza fume ou boit un verre d'eau-de-vie de prune, Mengele lui fait la morale en lui rappelant la guerre des nazis contre le cancer, leurs campagnes préventives contre le tabac et les additifs chimiques, la prohibition de fumer dans les lieux publics, les premières voitures non-fumeurs dans les trains du Reich. À table, il interdit aux Stammer de parler le hongrois, persuadé qu'ils complotent et se moquent de lui. Il réclame du pain complet qui facilite son transit intestinal et se plaint des spécialités magyares dont Geza et les garçons raffolent, la soupe de poissons à la tomate et aux poivrons, les côtelettes de veau farcies au foie d'oie. Si Liszt trouve grâce à ses yeux, Mengele méprise les Hongrois, « peuple mineur » doté d'une « sous-culture ». Geza incarnerait les tares de son pays que Mengele se plaît à relever lorsque l'arpenteur cocu passe le week-end en famille. Rares sont les déjeuners dominicaux où le médecin bavarois déchu épargne aux Stammer de longs dégagements historiques sur la faillite de la Hongrie, inférieure en tous points à l'Allemagne « honnête et laborieuse » dont elle fut une alliée ambiguë pendant la guerre, la Hongrie dépecée des deux tiers de son territoire et occupée par les Soviétiques, « une juste punition lorsqu'une nation de tsiganes ne produit que du salami et du paprika ».

Acculé dans les cordes, Geza esquive Mengele. Rabaissé devant sa femme et ses enfants, il ne le contre jamais frontalement, l'Allemand autoritaire est trop cassant, mais il adore le provoquer avec humour et fourberie, en moquant ses théories de la race et la supériorité teutonique – «l'Allemagne aussi est occupée cher docteur Hochbichler» –, en ridiculisant le Führer qu'il traite de «végétarien impuissant» et qu'il n'imite pas mal, une passoire sur la tête, poings serrés, rictus guerrier au coin de la bouche écumante, pour le bonheur de ses enfants et de Gitta. Geza l'emporte à tous les rounds face à Mengele qui continue de vénérer Hitler «homme du siècle et géant de l'Histoire dans la lignée d'Alexandre le Grand et de Napoléon», Mengele qui se cabre et claque la porte de la salle à manger en pestant pour se réfugier dans son mirador. Encouragé par ses fils et les employés qui se plaignent régulièrement de lui, Geza a développé un certain génie pour le tourmenter. Un dimanche, il essaie de le prendre en photo avec son nouveau Nikon; le suivant, il lui révèle qu'il a aperçu un groupe suspect de touristes israéliens au village; un autre, qu'avec son énorme moustache, il ressemble à Groucho Marx. Il ne manque jamais de lui ramener les journaux relatant ses crimes, l'arrestation d'un nazi, un procès de criminels de guerre en Allemagne de l'Ouest, ou encore un exploit de Simon Wiesenthal. Le plus souvent, Gitta fait le tampon entre les deux hommes et les choses se calment. Sinon, Gerhard appelé à la rescousse finit par ramener la paix dans le ménage, une boîte de chocolats et une liasse de dollars à l'appui, tandis que Geza reprend la route et Mengele son emprise malveillante sur la ferme.

Mais ce lundi de Pâques 1964, quelques semaines après que Mengele a été privé de ses titres universitaires, les deux hommes en viennent aux mains. À la radio passe un reportage sur le procès d'Auschwitz qui se tient à Francfort depuis quelques mois. Le nom de Mengele est régulièrement cité, des survivants témoignent de ses forfaits et de sa cruauté. Geza fanfaronne : « Vous aussi, docteur Hochbichler, devriez avoir le courage d'affronter la justice ! Vous qui accordez une valeur si positive à la mort, vous n'avez rien à craindre ! Vous n'avez fait que votre devoir, n'est-ce pas, vous n'avez rien à vous reprocher ? Alors comportez-vous en soldat et allez expliquer à vos compatriotes que vous avez lutté à Auschwitz contre leur dégénérescence et pour la santé de leur race… »

Parmi les règles innombrables que Mengele a imposées aux Stammer, sur une il ne transige pas : l'interdiction formelle de parler d'Auschwitz. Prononcer le nom du camp est même prohibé. Alors, ce jour-là, Mengele saute à la gorge de Geza, prêt à le crever, il serre de toutes ses forces le cou du Hongrois qui hurle et se débat. Gitta et les garçons se précipitent pour les séparer. Miklos tire les cheveux du nazi, Gitta lui envoie un coup de pied dans les tibias et Roberto accourt du jardin, un râteau à la main, menaçant. Enfin Mengele relâche son étreinte. Geza, écarlate, chancelant, hurle que c'en est trop, que cette fois c'est la fin, *raus* Hochbichler, dehors, « décampez, foutez le camp immédiatement, sinon j'appelle la police ».

Un sourire mauvais au coin des lèvres, Mengele dévisage les Stammer avec morgue. Il brûle de tout dire, à Geza que sa femme est une salope et à ses fils, que leur mère est une putain dégénérée, mais il se ravise en mastiquant sa moustache. S'il a échappé aux griffes de l'Armée rouge pendant la guerre, aux Américains et au Mossad jusqu'à présent, il ne va pas risquer sa peau pour quelques parties de jambes en l'air. Ils sont quatre, sans compter les ouvriers qui le haïssent et ne manqueraient pas de leur prêter main forte. Calmement, Mengele croise plutôt les bras sur sa poitrine : il est ici chez lui, la ferme lui appartient pour moitié, s'il plie bagage, ils partent aussi. Gerhard est convoqué d'urgence afin de prononcer les termes d'un divorce « à l'amiable ». Même Gitta s'y résout, il y va de sa santé mentale et de la survie de sa famille, Peter est allé trop loin.

Avec l'accord de Sedlmeier et l'aide de Rudel, Gerhard cherche une solution de repli. Il parle aux Stammer d'une piste arabe, d'un éventuel transfert en Égypte, en Syrie, au Maroc peut-être, mais rien ne vient, les démarches sont très compliquées, personne ne veut de l'encombrant Hochbichler dont la réputation dans les cercles nazis a franchi les océans. Sa famille doit frapper un grand coup afin que les Stammer acceptent de garder encore leur brebis galeuse. Une arrestation ternirait la légendaire réputation de fiabilité et de robustesse de l'entreprise Mengele qui poursuit sa folle expansion en Allemagne et dans le monde entier. Ils proposent à Geza de lui offrir une nouvelle voiture. Le Hongrois temporise, regimbe, obtient une berline avec chauffeur et un joli paquet d'argent, « indispensable à l'entretien », précise-t-il à Gerhard.

L'odieux ménage à trois peut se poursuivre.

160

# 57.

En février 1965, le cadavre d'Herbert Cukurs est retrouvé dans une malle, à Montevideo. Surnommé «le bourreau de Riga» et «l'Eichmann letton», l'aviateur Cukurs enfermait les juifs dans les synagogues avant d'y mettre le feu et de les brûler vifs. Il a été abattu par un commando de vengeurs du Mossad, «ceux qui n'oublieront jamais». Ses exécuteurs ont épinglé à sa dépouille leur verdict dactylographié : *attendu la gravité des crimes dont Herbert Cukurs est accusé, en particulier sa responsabilité personnelle dans l'assassinat de trente mille hommes, femmes et enfants, et attendu l'épouvantable cruauté dont a fait preuve Herbert Cukurs lors de l'exécution de ses crimes, nous condamnons ledit Cukurs à mort.*

Lorsque Mengele apprend la disparition de son comparse, il redouble encore de vigilance. Il s'entoure de plus de chiens, s'offre des jumelles plus performantes, épie la campagne plus longuement de sa tour de guet. Un soir, perché, il distingue un faisceau lumineux. Des phares s'éteignent, se rallument et se rapprochent, le cœur de Mengele fait des bonds, un véhicule grimpe, ses chiens grondent, il arme son pistolet et le braque en tremblant vers les ténèbres, il veut descendre du mirador mais ses jambes lui désobéissent maintenant que la voiture est arrêtée devant le portail. Il entend les portières claquer, des voix d'hommes jeunes murmurer, aperçoit des ombres qui se faufilent, les chiens aboient, bondissent quand soudain un cri retentit : C'est moi, c'est moi ! hurle Roberto, sorti faire la fête avec des amis.

Mengele renforce aussi la sécurité de ses échanges épistolaires avec l'Allemagne en n'utilisant plus que des initiales, un jeu d'enfants, le P le désigne, R, Rolf, Situ Un, Serra Negra... Ses lettres scellées sont adressées à une boîte postale en Suisse ou, plus rarement, à un ami de la famille résidant à Augsbourg, puis Sedlmeier les récupère et les dispatche ; le courrier qui lui est destiné arrive au Brésil dans une boîte postale au nom de Gerhard. Mengele, dont les pattes de mouche sont aisément identifiables, se servira bientôt d'une machine à écrire.

À la mi-1964, quelques mois avant l'exécution de Cukurs, il a échappé de peu à de très graves ennuis : le système de communication avec Günzburg a failli être mis au jour. À Francfort, le procureur Bauer a délivré un mandat de perquisition chez Sedlmeier, persuadé qu'il est l'intermédiaire de Mengele avec sa tribu. Mais la police ne trouve aucune lettre, aucune trace ni preuve compromettante au domicile de Sedlmeier : il a une nouvelle fois été prévenu in extremis qu'un raid imminent se préparait, grâce à un coup de fil de son contact dans la police.

Depuis qu'elles ont lancé leurs mandats d'arrêt, les autorités judiciaires ouest-allemandes pistent Mengele sans grande conviction. Il leur a fallu plus d'un an pour transmettre ses empreintes digitales à leurs ambassades sud-américaines. Lorsque Mengele était encore voyageur de commerce au Paraguay, il avait croisé dans une colonie allemande une dactylo de l'ambassade qui s'était foulé la cheville et l'avait soignée. Elle connaît son nom mais pas son passé. De retour à Asunción, la jeune femme s'est étonnée que le médecin ne soit pas enregistré auprès du consulat et elle l'a signalé aux diplomates. Une enquête a été diligentée, mollement, et a conduit le chargé d'affaires jusqu'à Krug, dont les mensonges ont été pris pour argent comptant.

Bonn ne consacre pas de ressources particulières à la traque de Mengele et n'envoie sur le terrain ni agents ni commandos de barbouzes. Ses services secrets, infestés d'anciens nazis, n'auraient pourtant eu aucun mal à approcher Rudel, Sassen, Krug ou von Eckstein, qui n'ont jamais fait mystère de leur fidélité au Troisième Reich. La RFA est procédurière et se contente de mettre à prix la tête du criminel contre l'humanité ; elle concentre ses recherches sur le Paraguay après que ses services diplomatiques ont obtenu la copie des documents attestant que Mengele a obtenu la citoyenneté du pays. Les Allemands de l'Ouest sont convaincus que Mengele vit à Asunción ou dans la région de l'Alto Paraná. En 1962, ils demandent son extradition. Le général Stroessner, qui a été informé par Rudel de son départ vers le Brésil, refuse de collaborer. Il éprouve un malin plaisir à brouiller les pistes : Mengele a quitté le pays mais s'il est arrêté sur son territoire, Stroessner refusera de l'extrader, le Paraguay défend ses citoyens. L'année suivante, le chancelier Adenauer promet dix millions de dollars d'aide au développement si le Paraguay livre le médecin. Le dictateur ne veut rien entendre. Bonn en conclut que les plus hautes instances paraguayennes protègent le fuyard. En 1964, tandis que le monde a les yeux braqués vers Francfort où se tient le procès d'Auschwitz, les pressions ouest-allemandes s'accentuent. Le ministère des Affaires étrangères annonce publiquement que Mengele est citoyen paraguayen, qu'il réside dans la région des trois frontières et se rend souvent au Brésil. L'ambassadeur de RFA à Asunción demande à Stroessner de le déchoir de sa citoyenneté, au motif qu'il a menti pour l'obtenir. Le président lui répète que Mengele est parti depuis longtemps et que l'ingérence ouest-allemande est inadmissible : si son excellence poursuit ses démarches, elle sera *persona non grata*, une puissance étrangère ne peut porter atteinte à la souveraineté du Paraguay. Quelques mois plus tard, concomitamment au raid chez Sedlmeier, Fritz Bauer convoque les médias : une récompense de cinquante mille marks sera offerte à qui livrera Mengele ; libre de ses mouvements, il vit sous sa véritable identité au Paraguay, y possède beaucoup d'argent et des amis haut placés qui le protègent. Le ministre de l'Intérieur paraguayen conteste les dires du procureur, Mengele se cache plutôt au Brésil ou au Pérou. Plus personne ne croit aux démentis du gouvernement Stroessner lorsque l'année suivante, un ancien officier SS est arrêté au Paraguay, où il jure avoir croisé plusieurs fois le docteur Mengele.

Les Allemands de l'Ouest se heurtent à un mur. Ils nomment en 1965 un nouvel ambassadeur à Asunción, qui a pour créance d'améliorer les relations entre les deux

États : les Allemands et les descendants d'Allemands sont nombreux au Paraguay et le pays est un pion important dans le dispositif occidental visant à faire barrage aux mouvements de guérillas marxistes que Moscou et La Havane téléguident en Amérique du Sud. Les pressions de la RFA concernant Mengele s'interrompent.

Les Israéliens ne traquent plus Mengele, la menace syro-égyptienne se précise, leur survie est en jeu. Le Mossad n'a pas transmis ses informations brésiliennes aux services secrets allemands, c'est compréhensible, mais pourquoi n'a-t-il pas contacté directement Bauer, qui lui avait livré Eichmann ?

Mystère.

## 58.

Les États empêchés par les contingences de la *realpolitik*, entrent en scène journalistes et chasseurs de nazis, attirés par le miel de la gloire, le scoop d'une vie et l'argent. Eux aussi fouillent le Paraguay et construisent la légende d'un super vilain aussi insaisissable que Goldfinger, une figure pop du mal, invincible, richissime et rusée, qui sème ses poursuivants et se tire des situations les plus périlleuses sans une égratignure. En ce milieu des années 1960, James Bond triomphe sur les écrans et Docteur Mengele devient une marque dont l'évocation glace le sang et fait grimper les tirages des livres et des magazines : l'archétype du nazi froid et sadique, un monstre.

Voici Mengele en chemisette filmé quelques secondes pour un documentaire tchèque par un Brésilien qui affirme qu'il se fait appeler docteur Engwald, vit à la frontière du Paraguay et de l'Argentine et navigue à bord du *Viking* sur le fleuve Paraná. Une journaliste argentine révèle qu'il se terre dans une ferme proche de la ville paraguayenne d'Altos au bras d'une femme sublime : Mengele est un tombeur irrésistible. En pleine forme malgré son âge, il aime danser et court les mondanités. Un ancien SS croit savoir qu'il a eu recours à la chirurgie esthétique, comme son ami Martin Bormann (mort à Berlin en 1945) avec qui il dîne régulièrement dans les meilleurs restaurants d'Asunción et de La Paz. Un batelier confesse que Mengele, taciturne et malappris, porte la barbe et traverse régulièrement le Paraná. Un ancien garde du corps de Bormann dévoile au *Sunday Times* qu'il a rejoint les rangs de l'armée paraguayenne avec le grade de commandant dans une unité du nord du pays où il officie comme médecin. La police brésilienne médiatise en mai 1966 la capture de Mengele ; vérification faite, il s'agissait d'un touriste allemand. Deux ans plus tard, un ancien gendarme jure l'avoir abattu à bord d'une embarcation descendant le Paraná. Touché à la poitrine et au cou, l'ange de la mort est tombé à l'eau et s'est noyé.

Le mythe du meurtrier insaisissable doit beaucoup à Simon Wiesenthal. Ancien déporté dont la famille originaire de Galicie a été décimée pendant la Shoah, il a commencé à rassembler des informations sur les criminels nazis au lendemain de la guerre, à Linz puis à Vienne où il a fondé un modeste centre de documentation. Wiesenthal est devenu une vedette internationale après la publication de son autobiographie, *J'ai chassé Eichmann*, où il s'attribue un rôle décisif dans la capture de l'officier SS alors que sa participation fut au mieux subalterne; le travail de Bauer reste un secret et les hommes du Mossad soumis à la plus stricte confidentialité. Aux yeux du grand public, américain notamment, cet homme roublard et charmeur qui porte des vestes en tweed et parle l'anglais et l'allemand avec l'accent yiddish incarne la figure du justicier solitaire régulièrement menacé de mort à son bureau viennois où se dresse une intimidante carte des camps de concentration et d'extermination nazis. Il est le dernier Mohican du monde disparu des juifs d'Europe centrale et orientale. S'il a aidé à localiser de nombreux nazis et contribué à la prolongation puis à la suppression du délai de prescription des crimes de guerre en Allemagne, Wiesenthal est par-dessus tout un conteur génial qui a su très tôt apprivoiser les médias. Maintenant qu'Eichmann a été jugé et exécuté, il consacre beaucoup de son inépuisable énergie à traquer Mengele. Faute de savoir où il se terre malgré son réseau d'informateurs, Wiesenthal tient en alerte l'opinion mondiale en brodant d'improbables histoires afin que nul n'oublie les méfaits du médecin aux gants blancs d'Auschwitz et que le coupable ne se sente en sécurité nulle part.

Wiesenthal publie en juillet 1967 *Les assassins sont parmi nous*. À Mengele, il dédie un chapitre intitulé «l'homme qui collectionnait les yeux bleus».

Il s'approprie la légende de l'assassinat d'une agente du Mossad par le nazi à Bariloche et la rehausse de couleurs chatoyantes : l'espionne blonde et attirante, comme il se doit, a été stérilisée à Auschwitz par Mengele qui l'a reconnue à Bariloche et a déchiffré son tatouage à l'avant-bras en dansant avec elle. Il l'a ensuite jetée dans un précipice alors qu'elle randonnait sur un sentier de montagne.

Mengele est un jet-setteur aux dons d'ubiquité, que Wiesenthal piste au Pérou et au Chili, au Brésil et jusque dans les camps les plus retranchés de l'armée paraguayenne. Entouré de gardes du corps, il fréquente les meilleurs restaurants d'Asunción et conduit une puissante Mercedes noire. Après que Nasser lui a refusé l'entrée en Égypte, il a embarqué avec Martha sur un yacht qui les a déposés sur l'île grecque de Kythnos. Alerté, Wiesenthal dépêche un journaliste afin qu'il coince les fuyards. Le gérant de l'hôtel du Caillou cycladique lui déclare qu'un Allemand et son épouse ont quitté la veille son établissement et sont montés sur un voilier pour une destination inconnue. «Mengele a remporté une nouvelle manche», écrit Wiesenthal. À lui la suivante également, quand il échappe à un commando de rescapés d'Auschwitz, le «comité des douze», venu le kidnapper à l'hôtel Tirol de la ville paraguayenne d'Encarnación par «une nuit sombre et chaude» de mars 1964. Mengele, l'homme au sixième sens, le magicien : « Il est une heure du matin quand les hommes grimpent les escaliers au pas de charge et défoncent la porte de la chambre vingt-six du deuxième étage. Elle est vide » et son lit encore tiède. Prévenu par téléphone de l'arrivée imminente des vengeurs, Mengele s'est enfui dans la jungle en pyjama dix minutes plus tôt.

À ses lecteurs, Wiesenthal réserve une ultime révélation : la localisation précise du criminel en cette année 1967. « Mengele vit... dans la zone militaire entre Puerto san Vincente, sur la grande route Asunción-São Paulo, et la forteresse de Carlos-Antonio-Lopez, située à la frontière, sur le fleuve Paraná. Il y habite un petit baraquement blanc, dans une zone de la jungle aménagée par les immigrants allemands. Deux routes seulement mènent à cette maison retirée, deux routes patrouillées par des soldats et la police paraguayens qui ont reçu l'ordre d'arrêter toutes les voitures et de tirer sur quiconque transgresserait les ordres. Et pour le cas où la police commettrait une erreur, quatre gardes du corps, armés jusqu'aux dents et bardés de radios et de talkies-walkies, veillent sur Mengele. Il les paie de sa poche. »

59.

Pendant que l'on fantasme sa toute-puissance maléfique, Mengele se ronge les sangs dans son lit, une nuit de septembre 1967, dans le terrier de Serra Negra qu'il n'a pas quitté depuis son arrivée, il y a cinq ans déjà. Une fois encore, l'angoisse l'étreint. Il n'aurait pas dû lire ce vieux *Spiegel* que Gerhard a trouvé dans une station-service. Il a été exaspéré par l'interview d'Albert Speer, sorti récemment de prison après vingt ans de détention au pénitencier de Berlin-Spandau. Mengele a failli s'étrangler en découvrant la contrition de l'architecte d'Hitler, un «criminel» à ses yeux. Il n'aurait rien su de l'extermination des juifs, lui le favori du Führer, l'ancien ministre de l'Armement et de la Production de guerre du Reich, lui qui a eu recours à la main-d'œuvre des camps de concentration? Mengele jette de rage le magazine après avoir vu Speer qui pose, mine penaude, devant sa grandiose villa d'Heidelberg. Il ne s'endormira pas, alors il se lève et gagne son mirador.

Plongé dans l'obscurité, il écoute le Concerto pour violon de Schumann malgré le bourdonnement suave, ce bruit de fond des tropiques qui grésillent jour et nuit. Le vent glisse dans les feuillages et Mengele médite, à l'odeur corrompue des fruits putréfiés des jacquiers, à la mort précoce de Schumann assailli d'hallucinations acoustiques, au suicide de Bernhard Förster dans une chambre d'hôtel après l'échec de Nueva Germania qu'il a fondée avec sa femme Elisabeth Nietzsche, au temps qui s'écoule dans ce paysage aux saisons immuables, accentue son mal du pays et le ravage: les brumes automnales, les premières neiges de novembre lui manquent et les prairies parsemées de fleurs écloses au printemps et les lacs argentins de sa jeunesse engloutie. Mengele sait qu'on ne s'échappe pas d'une prison à ciel ouvert. Il se demande s'il ne devrait pas mettre fin à ses jours plutôt que s'infliger la vacuité et la torture de l'exil, ce jeu de l'oie qu'il est condamné à perdre tant ses alliés le trahissent et ses ennemis prolifèrent.

Franz Stangl, l'ancien commandant des camps d'extermination de Sobibor et de Treblinka, a été arrêté en février à son domicile de São Paulo par les autorités brésiliennes qui n'ont pas tardé à l'extrader vers la RFA. Lorsque la nouvelle de sa capture a été rendue publique, Gerhard indigné s'est précipité à Serra Negra annoncer à Mengele qu'il envisageait de se porter garant de l'officier SS, son compatriote, «un homme exemplaire, le meilleur des commandants de camps en Pologne», a dit Gerhard en parlant du responsable de la mort d'un million de personnes. Mengele a réussi à le convaincre de se tenir tranquille et aussi de freiner ses activités néonazies dans la région de São Paulo, il risque d'attirer l'attention de la police et de la mener jusqu'à lui. Aux tourments causés par l'arrestation de Stangl s'ajoute en juin la déception de la guerre des Six Jours, que Mengele a suivie quotidiennement sur le poste de télévision offert par Geza à ses fils quelques semaines plus tôt. Nasser est un mythomane, il ne vaut pas mieux que Perón. Ses armées et celles de ses alliés arabes ont été écrasées par les petits juifs qui se sont emparés de Jérusalem, du Golan, du Sinaï, de toute la Palestine: Mengele n'en revient pas.

Grelottant de froid et d'impuissance dans son mirador dérisoire, il fixe la lune rouge camouflée par les nuages

171

encre gorgés de pluie. Cette nuit de septembre 1967, Mengele pressent qu'il a perdu. Il ne comprend plus rien à un monde qui lui échappe et auquel il n'appartient plus, un monde qui l'a excrété, lui, le «postillon du diable».

Tout l'hiver austral, il a regardé à la télévision les jeunes Allemands contester l'ordre ancestral, la discipline, la hiérarchie, l'autorité, réclamer des comptes à leurs pères, des chevelus déjantés danser au Summer of Love de San Francisco et prendre la route de Katmandou, des Blancs défendre les Noirs en Amérique. Les artistes contemporains allemands le révulsent, les premières communautés poussées à Cologne, Munich et Berlin-Ouest, Beuys et ses sculptures sociales de charbon, de gravats et d'acier oxydé, le mouvement Zero, Richter, Kieffer, les actionnistes viennois, Brus, Muehl, Nitsch, qui se lacèrent la peau et maculent leurs toiles de sang, et les musiciens psychédéliques dont les synthétiseurs contestataires, les flûtes et les percussions exutoires enterrent le lyrisme wagnérien. Leurs mélopées cosmiques explorent les tréfonds de l'âme allemande et hurlent leur désespoir en piétinant le passé. Hantés par la guerre, plasticiens, peintres et musiciens fuient l'Allemagne de l'euphémisme, son hypocrisie et ses mensonges, l'histoire méprisable de leurs parents prédateurs, l'Allemagne et sa fureur iconoclaste, chambre de torture, bourbier des péchés humains, l'Allemagne qu'ils associent au panneau de droite du *Jardin des délices* de Bosch, à l'enfer et au diable, le foyer de la grande peste qui vient de ravager l'Europe, ses usines de la mort, Auschwitz, Treblinka: Mengele.

## 60.

Les soirées télé deviennent un rituel chez les Stammer. Mengele en chaussons y rumine l'actualité, emmitouflé sous une couverture, Cigano assoupi sur les genoux. Il force Gitta et les garçons à regarder les nouvelles, à l'écouter vanter la dictature «virile» des militaires brésiliens et l'intervention «décisive» des Soviétiques à Prague, se réjouir de l'enlisement américain au Viêtnam, déplorer le déclin de l'Occident «gangrené par le matérialisme et l'individualisme, par toutes les saloperies importées des États-Unis depuis la fin de la guerre», moquer les révoltes estudiantines de 1968, «tous les jeunes crétins apatrides qui confondent liberté et anarchie». L'actualité allemande le met en rogne, la grande coalition dirigée par «le nazi Kiesinger et le déserteur Brandt», «la mollesse et l'incurie des dirigeants», et les fils Stammer rient sous cape lorsque l'oncle Peter débite ses injures, des «traîtres, rats, séparatistes, menteurs et trous du cul» qui ponctuent les apparitions à l'écran d'un ministre ou d'un nazi converti à la démocratie, ou lorsqu'il bondit du canapé et arpente à grands pas le salon en jurant sa haine de l'Ancien Testament et du christianisme «responsables de la décadence» de sa lointaine patrie. Sedlmeier lui transmet cependant une information encourageante : son adversaire le plus dangereux, le procureur Bauer, est mort dans des circonstances mystérieuses, le 1er juillet 1968.

Ses relations avec Geza demeurent exécrables. Les deux hommes se cherchent et s'invectivent fréquemment. Le Hongrois a retrouvé les faveurs de sa femme depuis qu'elle le soupçonne d'avoir une maîtresse à São Paulo. Mengele se venge en couchant ostensiblement avec les employées de la ferme ; Gitta gémit dans les bras de Geza et lui caresse la nuque devant Peter : Gerhard doit régulièrement intervenir pour calmer les esprits. Mais la crise d'octobre 1968 le dépasse. Les Stammer veulent vendre la ferme de Serra Negra, abandonner l'agriculture et déménager. Promu, Geza souhaite se rapprocher de son lieu de travail tandis que le docteur Hochbichler n'entend pas abandonner son fortin. Paniqués, les Mengele contactent Rudel, leur représentant au Paraguay depuis le départ en catastrophe du paria de la famille.

Quelques semaines plus tard, l'ancien pilote transmet à Gerhard une nouvelle prometteuse : Klaus Barbie est prêt à accueillir Mengele. Le « boucher de Lyon » prospère désormais en Bolivie, après avoir renseigné les services spéciaux américains sur les activités des communistes dans l'armée et la zone d'occupation françaises en Allemagne. Deux fois condamné à mort par contumace par le tribunal militaire de Lyon, il se fait appeler Klaus Altmann à La Paz où il a dirigé une entreprise d'exploitation de bois et trafique des stupéfiants et des armes, en cheville avec Rudel. Avec la bénédiction de la CIA et des services allemands, l'ancien gestapiste forme les officiers boliviens aux techniques d'interrogatoire musclées depuis que les militaires ont pris le pouvoir en 1964.

L'infantile Gerhard trouve l'option bolivienne séduisante. Casquette à damier vissée sur la tête, il s'imagine traverser jungles et frontières en compagnie du cher docteur et rencontrer Barbie dont les états de service l'impressionnent. Mengele ne veut pas en entendre parler. La seule idée de grimper dans la petite voiture de l'Autrichien le glace d'effroi, alors changer de pays, pour la énième fois, à bientôt soixante ans, il n'en est pas question. Il ne connaît pas Barbie mais une chose est certaine, il ne pourra pas le manœuvrer comme il manipule les Stammer. Il maîtrise l'espace, les hommes et les bêtes à Serra Negra. Il ne prendra aucun risque, d'ailleurs Rudel n'est pas digne de foi et l'a déçu, il ne lui a pas rendu visite depuis qu'il vit au Brésil ni souhaité son dernier anniversaire. Des Mengele, seules les généreuses commissions qu'il touche à la vente de la moindre brouette au Paraguay l'intéressent : *n'est perdu que celui qui s'abandonne lui-même*, sa fichue devise, sur ce point, au moins, il ne l'a pas trahi. Rudel, ses vestes en cashmere et son plan bolivien peuvent aller au diable. L'information transmise, Barbie est vexé, Rudel ulcéré. «Mengele est le roi des emmerdeurs, dit-il à Gerhard. Qu'il se débrouille seul à l'avenir, je ne veux plus entendre parler de lui.»

Mengele refuse de quitter les lieux mais n'envisage pas de vivre seul ; les Stammer ont besoin de sa part de la vente de Serra Negra pour acquérir la propriété de leurs rêves, une imposante bâtisse posée sur une colline boisée. Elle dispose de quatre chambres à coucher sur une parcelle de plus de huit mille mètres carrés dans les environs de Caieiras, à une trentaine de kilomètres de São Paulo. Mengele doit se résoudre à les suivre, les Stammer à l'emmener. Ils emménagent début 1969.

## 61.

Pas de mirador cette fois mais une clôture : Mengele entreprend immédiatement des travaux de fortification. Il plante des piquets, les relie avec de la ficelle, creuse des trous où il insère en profondeur des poteaux hauts de deux mètres, la terre résiste, aussi s'échine-t-il avec une pioche et une tarière, sous l'œil de Geza narquois qui l'observe s'éreinter le dos à forer des semaines durant, recommançant l'opération, équerre en main, parce que les piliers sont de travers sur le terrain en pente, à verser dans les orifices du gravier, du ciment, de l'eau et de la terre autour des poteaux, à clouer les poutres de soutien, à fixer enfin les planches verticales, une, deux, trois couches de bois imputrescible qu'il laque et peint en blanc. Derrière la solide palissade, un écran d'arbustes et de citronniers complète son dispositif.

Désœuvré, Mengele s'acclimate difficilement à son nouvel environnement. Il a dû se séparer de plusieurs de ses bâtards et ne se promène qu'à l'aube et au crépuscule dans cette zone plus densément peuplée que la campagne autour de Serra Negra. Il bricole, retape portes et planchers, construit des étagères pour ses livres, et évite la compagnie des Stammer. Geza ne s'absente plus que deux ou trois jours par semaine et Mengele se réapproprierait volontiers Gitta, mais elle ne veut plus de lui, son caractère fâcheux a fini de la dégoûter. Souvent, Mengele dîne seul à la cuisine ou devant la télévision. Il noircit les pages de son journal, écrit des poèmes larmoyants et poursuit son exploration de la faune et de la flore. Mengele espionne les araignées-bananes, les scarabées, et se découvre une passion pour les *blattodea*, que les Stammer appellent cafards, comme tout le monde. Impossible à coincer mains nues – les bestioles peuvent changer de direction vingt-cinq fois par seconde, lit-il –, il les attire en déposant un morceau de sucre, un bout de viande sur le sol de la salle de bains afin d'observer le sang blanc qui dégouline de leur thorax blessé et de croquer dans ses cahiers d'écolier leurs grands yeux compensés, leurs coquerelles fardées de couleurs vives et de motifs psychédéliques. Arrachée, une patte repousse aussitôt. Ils en ont six, surmontées de dix-huit articulations ; leurs longues antennes et le duvet qui couvre leurs flancs leur permettent de détecter le moindre mouvement d'air d'un prédateur. Mengele envie ces joyeux insectes qui ne connaissent ni les tables de la Loi ni le code pénal et pourraient résister à une bombe atomique, dit-on. Il

177

découvre avec satisfaction que la blatte germanique est la plus nuisible des espèces : porteuse de microbes, elle provoque des allergies chez l'homme. Appliquée sur une plaie, une purée de cafards calmerait la douleur. La prochaine fois que Gitta se coupe en préparant une salade, il lui appliquera du baume de blattes sur le doigt endolori. Ou bien sur la cheville de Roberto, cette forte tête qui se blesse régulièrement en jouant au football. L'idée l'amuse, putain de vie.

Putain de vie, litanie du quotidien. Disputes avec Geza et Gitta à propos du papier peint de l'entrée, des menus, des factures d'électricité, du choix des études des garçons qui vont bientôt quitter le lycée ; angoisses, insomnies : que font les Israéliens et que manigance Wiesenthal ? Il claironne qu'il se cache au Paraguay, Mengele a lu des coupures de presse. Mais n'est-ce pas une diversion afin qu'il baisse sa garde ? Les médias affirmaient qu'Eichmann se terrait au Koweit pendant que le Mossad préparait son enlèvement en Argentine. Qui étaient les deux types costauds qu'il a croisés l'autre jour dans la forêt ? Et Rudel et Barbie, vont-ils le trahir ? Mengele adresse des missives de plus en plus affolées à Günzburg : Alois devrait envoyer davantage d'argent aux Stammer. Mengele a fait les comptes, la récompense de cinquante mille marks excède la valeur de sa quote-part dans la nouvelle maison. Si Geza le balance, il fera une plus-value ! Mengele se plaint à Gitta du manque de générosité de sa famille. Le pompier Sedlmeier doit intervenir courant 1969. Il passe à Caieiras arroser les Stammer et tranquilliser Mengele.

## 62.

Maintenant qu'il s'est rapproché de São Paulo, Gerhard lui rend visite plus fréquemment. Un après-midi l'accompagne un homme mince d'une cinquantaine d'années au fort accent autrichien. Cheveux courts, tempes rasées, Wolfram Bossert porte une cravate sombre sur une chemisette immaculée et des chaussures noires. Aux Stammer, il offre des pâtisseries, et à celui que Gerhard lui présente comme Hochbichler, une main et un sourire engageants. Il est enchanté de faire la connaissance de l'agriculteur suisse dont son compatriote lui a tant vanté les mérites.

Les deux Autrichiens se sont rencontrés au club allemand de São Paulo quelques années plus tôt. Ancien caporal de la Wehrmacht, Bossert est lui aussi venu chercher l'eldorado au Brésil après la défaite du Reich. Responsable de la maintenance chez un fabricant de papier, sa réussite n'est pas spectaculaire mais il s'en est mieux sorti que son compatriote. Grand amateur de musique classique au point qu'on le surnomme Musikus, Bossert a des prétentions intellectuelles et artistiques qu'il aime partager avec son entourage. Il pourrait distraire Mengele de son quotidien maussade.

Gerhard a tant insisté que le criminel de guerre a consenti à rencontrer Bossert, à condition qu'on ne lui révèle pas qui il est. Pendant qu'ils prennent le thé, Mengele dévisage et teste l'inconnu. Ses origines et ses états de service sont minables mais compensés par une certaine culture et des convictions irréprochables, semble-t-il : raciste, antisémite et réactionnaire, Bossert récite son bréviaire de la haine sans fausses notes. C'est un nazi fanatique, un soldat perdu d'Hitler, « l'Allemand par excellence, le plus illustre de tous les temps », affirme-t-il volontiers. Toujours accompagné de Gerhard, il revient plusieurs fois à Caieiras les semaines suivantes, intrigué par le Suisse taiseux au chapeau de brousse. À sa langue, à son accent bavarois qu'il masque mal et à ses réflexions ponctuelles sur l'Histoire et la biologie, il devine qu'Hochbichler n'est pas n'importe qui.

La compagnie de Musikus n'est pas désagréable mais Mengele reste sur ses gardes : il pourrait être un agent dormant israélien, un comédien de génie, un indic véreux. Gerhard n'y croit pas. Il connaît sa « charmante » femme Liselotte qui « a un bon cul, entre nous, docteur », ses deux jeunes enfants, Sabine et Andreas, Mengele n'a rien à craindre et il devrait même dévoiler sa véritable identité à Bossert. Gerhard s'en est déjà ouvert à Sedlmeier, qui lui a donné son accord après avoir brièvement rencontré le technicien lors de son dernier passage au Brésil.

Mengele se démasque à contrecœur ; Bossert doit jurer devant Gerhard et sur la tête de ses enfants qu'il ne révélera à personne le secret.

# 63.

Pour la première fois depuis qu'il est arrivé au Brésil, Mengele décide de s'aventurer à l'extérieur. Le mercredi soir, fébrile, il plaque ses cheveux en arrière, s'habille avec soin et dissimule son revolver dans une poche de son imperméable avant d'aller dîner chez les Bossert. Les premières fois, Gerhard a dû l'accompagner, Mengele redoutait un guet-apens. Depuis, Musikus passe le prendre à Caieiras à dix-neuf heures précises et lorsque la circulation est fluide, ils gagnent en vingt minutes un pavillon anonyme en banlieue de São Paulo, l'enclave germanique des Bossert : de sévères portraits de famille, des bibelots alpins et des pots en faïence de Gmunden cernent l'épouse et les enfants bien dressés qui accueillent chaleureusement l'oncle Peter. Objet de toutes les attentions, Mengele a trouvé une oasis ; pendant quelques heures, il oublie sa vie misérable, les Stammer et la peur. Il apprend à Sabine et à Andreas à jouer au Monopoly, se fait servir sans gêne plusieurs assiettes de soupe aux quenelles de foie, puis du rôti de porc que Musikus découpe, un peu nerveux. Fréquenter l'homme qui collectionnait les yeux bleus, le nazi vivant le plus célèbre de la planète, est un grand honneur pour le couple Bossert. Sitôt le repas achevé, Liselotte part à la cuisine nettoyer la vaisselle et les deux hommes s'enferment au salon pour écouter de la musique classique.

Ils discutent intensément. Ou plutôt Bossert sirote un schnaps et tire sur sa pipe en porcelaine pendant que le visiteur gémit sur son sort et déverse sa bile : la race nordique, les juifs reptiles, l'excellence biologique, le peuple allemand fier et héroïque... Mengele déroule à l'infini ses vieilles lunes, ses idées fixes et sa vision prédatrice et inquiète du monde centrée sur la dégénérescence de l'Allemagne et de l'Autriche dirigées par le « déserteur Brandt et le juif Kreisky ». « La stérilisation forcée et l'élimination des improductifs sont indispensables afin de réduire la démographie des plus primitifs et de préserver le pur et innocent mouvement de la nature après des millénaires d'aliénation judéo-chrétienne » : le caporal autrichien approuve, hésite à noter les propos de l'ingénieur de la race qu'il flatte servilement, jamais il n'a eu l'occasion de fréquenter un savant d'une telle envergure. Mengele a trouvé le disciple qu'il cherchait depuis la mort de Haase à Buenos Aires, il y a dix ans – Krug et maintenant Gerhard ne sont que de méprisables aides de camp. Mörike, Novalis, Spengler... Musikus suit à la lettre ses conseils de lecture. Musikus écoute les disques qu'il lui recommande, et se lance dans l'étude de l'hellénisme, de la botanique. Il gobe même sa fascination pour les cafards : Musikus admire éperdument le vieux nazi. Mengele jouit de l'influence qu'il exerce sur cet homme docile et ponctuel, si différent des Stammer qui tournent en dérision ses lubies et le dépouillent de sa fortune. Les barbares : il crache sur la famille hongroise tous les mercredis soir. Inutile de l'interrompre ou de le contredire,

Bossert en a fait la cruelle expérience lorsqu'il lui a timidement suggéré de tenir compte de leurs souhaits, dans son propre intérêt. Mengele a écourté leur conversation avec une expression démente dans les yeux.

Musikus le raccompagne peu avant minuit. Il est frappé par le brusque changement de physionomie de son hôte quand ils se préparent à partir. L'arrogant bavard se mure dans le silence, enfonce son chapeau à larges bords et redresse en tremblant le col de son manteau, les traits crispés. La vue d'un policier le met en nage et dans la voiture, il dissimule son visage entre ses mains et plonge, la tête en avant, pour nouer les lacets de ses chaussures quand un véhicule s'arrête à leur hauteur au feu rouge. Dès qu'il quitte les Bossert, Mengele rendosse son costume de bête traquée.

Il accepte pourtant d'accompagner ses amis un week-end dans la jungle et laisse Musikus le prendre en photo pour la première fois depuis la fin des années 1950. Bossert essaie de le convaincre qu'il est méconnaissable et l'encourage à quitter son quartier d'isolement, sinon il va très mal finir. «Autant qu'il se suicide», dit-il à sa femme après l'avoir ramené à sa termitière, une nuit. Et son front proéminent? Et l'espace entre ses incisives? Bossert insiste, il ne risque rien s'il n'attire pas l'attention. Une lente rééducation commence. Entouré de Gerhard et de Musikus, Mengele s'autorise de brèves excursions, loin des Stammer, sans chapeau ni imper quand la température s'élève. Le proscrit se faufile incognito dans la métropole, les enfants Bossert l'escortent dans le bus, au supermarché, au cinéma. Il sue et tremble de peur d'être reconnu par un survivant d'Auschwitz ou par un physionomiste fâcheux, mais serre les dents, gagne en assurance (un peu) et se prend parfois à rêver d'une vie moins mutilée, pour ses vieux jours. Sa famille cède à un énième caprice en l'aidant à s'offrir un studio à São Paulo dont il percevra les loyers. Mais les affaires sont les affaires : l'acte de propriété est établi au nom de Miklos Stammer.

## 64.

Au lendemain de son soixantième anniversaire, il a mal au ventre, de vilaines crampes, causées peut-être par la tarte au fromage de Liselotte qui a dû tourner à cause de la chaleur, ou alors par le stress : des trémolos dans la voix, Gerhard lui a annoncé à la petite fête qu'il va quitter le Brésil d'ici peu et pour toujours. Il ne s'en sort pas financièrement, et sa femme et son fils souffrent peut-être de sérieux problèmes de santé, ils doivent subir une batterie d'examens, des prises de sang, des radios, des prélèvements de moelle qu'il est préférable d'effectuer en Autriche, où ils seront mieux suivis. « Et moi, et moi ? » demande Mengele. Bossert sera sa nouvelle nounou, il servira d'interface entre Günzburg et les Stammer, lui transmettra son courrier et fera ses courses. Gerhard lui offre sa carte d'identité en cadeau d'adieu. Il n'aura qu'à remplacer la photo par la sienne, un jeu d'enfant,

Musikus l'aidera à laminer le document, il lui sera précieux pour ses démarches administratives, celle au nom d'Hochbichler est un faux plutôt grossier qui finira par lui porter préjudice.

Les maux de ventre reprennent quelques mois plus tard, aigus, redoutables. Mengele souffre de coliques. Il appose une vessie de glace sur son abdomen, y étale de l'argile verte diluée dans l'eau chaude, jeûne une journée entière, mais rien n'y fait, ni les infusions à l'aubépine ni les médicaments et les antibiotiques que lui achète Bossert. Le mal empire, aux diarrhées succèdent des ballonnements, des vomissements, une forte constipation, son intestin est bloqué, et son organisme s'affaiblit, des ganglions enflent sur son cou, la fièvre apparaît. Lorsque Mengele se palpe le ventre au réveil un matin et découvre une bosse au niveau de l'estomac, il songe immédiatement à une tumeur, ou alors les Stammer l'ont empoisonné, à eux la maison, le studio, ses carnets qu'ils vendront une fortune à un éditeur. Il se tord de douleur mais refuse qu'un médecin vienne l'ausculter à Caieiras : « C'est trop dangereux », murmure-t-il à Bossert accouru à son chevet. Geza s'y oppose aussi, il redoute les éventuelles complications qu'une visite occasionnerait et ne croit pas à l'affection, leur colocataire, ce vieux renard hypocondriaque, finira par récupérer, comme toujours. Pourtant, cette fois, c'est grave. Mengele ne peut plus manger les jours suivants, il s'hydrate avec difficulté et un goût de merde atroce intoxique sa bouche. Encore lucide, il devine que lui pendent au nez des vomissements fécaloïdes, une péritonite, il va crever. Il doit de toute urgence consulter un spécialiste. Bossert le conduit dans un hôpital de São Paulo.

Le médecin palpe le ventre du moribond qui gémit, observe le visage marmoréen, la moustache neigeuse et les rigoles du front, vérifie son dossier établi selon les papiers que Bossert a fournis au service des admissions. Les radios ne vont pas tarder à donner leur verdict. Le médecin est perplexe. En vingt ans de carrière, leur dit-il, il n'a jamais ausculté un patient blanc dont le corps et l'organisme sont aussi amochés à quarante-six, quarante-sept ans : Monsieur Gerhard n'a pas dû avoir la vie facile. Musikus se rappelle soudain que l'année de naissance inscrite sur la vraie fausse carte d'identité de Mengele est 1925 et non 1911. Il prétexte une erreur de l'administration hospitalière qu'il fera corriger, le docteur a raison, le malade a bien dix ans de plus, chapeau docteur. Entre opportunément une infirmière, les clichés des viscères à la main : « Ça va aller Wolfgang, ça va aller », dit Bossert à son gourou livide.

Une sphère obscure grosse comme une boule de billard obstrue en effet ses intestins. Un cancer ? Non, plutôt une occlusion intestinale. A-t-il avalé un corps étranger ? Non, il n'a rien mangé depuis des jours, les premières douleurs remontent à l'année passée. Quoi alors ? Mystère, mais il faut opérer, immédiatement.

Le médecin retire du ventre de Mengele une impressionnante pelote de poils. À force de mâchonner sa moustache, ils se sont amalgamés jusqu'à boucher son

186

transit. Il l'a échappé belle, sur tous les plans. «Wolfgang Gerhard» règle ses frais d'hospitalisation en espèces et s'évanouit dans la nature.

## 65.

Mengele sort ébranlé. Sa blessure cicatrise mais ses forces déclinent, son corps usé émet des signaux inquiétants. Il se coince une vertèbre en soulevant un banal rondin et les migraines qui l'assaillent parfois sont si intenses qu'il doit garder le lit plusieurs jours, dans l'obscurité. Sa prostate enfle, sa vue baisse et ses dents le torturent. Fin 1972, avec un bout de ficelle et un couteau, il s'arrache une molaire cariée qui menaçait d'infecter sa gencive inférieure. La douleur était insupportable, un forgeron martelait la pulpe, l'émail, ses nerfs hurlaient. Mengele évite de consulter, encore traumatisé par la remarque du médecin hospitalier sur sa date de naissance, un cadeau empoisonné de Gerhard, cette carte d'identité. Il sait qu'il paie le stress, la solitude et les nuits blanches des dix dernières années, les travaux physiques en plein soleil, les humiliations et les disputes, les séparations, la chaleur, la mélancolie et l'humidité, son cœur sec, son cœur atrophié. Ressurgissent idées morbides et angoisses existentielles, l'ombre de la mort. L'indifférence des Stammer à sa détresse le désespère.

Il ne compte que sur Musikus, son dernier allié. Mais Bossert n'est pas Gerhard. Il ne grimpe pas dans sa Volkswagen au moindre bobo : il n'est pas aussi dévoué et fanatique que son compatriote. S'il admire l'opiniâtreté du fugitif, il le garde à distance et n'entend lui sacrifier ni sa carrière ni sa famille. Mengele est un manipulateur égocentrique, Bossert a été heurté par son cynisme envers Gerhard dont le destin est une succession de calamités : les examens médicaux ont révélé en Autriche que sa femme souffrait d'un cancer de l'estomac et son fils Adolf d'un cancer des os. Les traitements coûtent une fortune. Gerhard se tourne vers son ancien protégé à qui il n'a jamais réclamé un centavo pour ses loyaux services dix ans durant. Mais Mengele renâcle, convaincu que Gerhard le rackette en gonflant le montant des frais médicaux : il ferait mieux d'accepter l'inéluctable, la mort de sa femme à brève échéance, plutôt que de dilapider l'argent des autres ! Sans l'insistance de Bossert, Mengele n'aurait pas demandé à son frère d'aider Gerhard, et encore, réfléchit Bossert, il ne l'aurait pas fait s'il ne craignait que son ancien factotum désespéré n'aille vendre quelques-uns de ses secrets à un journaliste ou à la police. Fidèle à lui-même, Mengele a ensuite écrit à Gerhard qu'il était choqué par la mesquinerie de sa famille.

Le vieux nazi excède son entourage. En ce début des années 1970, il décourage son dernier carré de fidèles, à force de se lamenter sur son sort et de s'immiscer dans l'intimité de ses proches, de leur prodiguer des conseils, de quémander leur attention constante (et de l'argent et du courrier), comme un enfant. Martha lui écrit rarement. Alois ne tolère pas qu'il critique sa gestion de l'entreprise et l'éducation de son fils Dieter, que Josef ne connaît même pas ; qu'il se permette de lui transmettre une liste noire de familles à éviter à Günzburg au cas où Dieter voudrait se marier. Alois lui demande aussi de cesser d'envoyer à leur neveu Karl-Heinz ces longues missives où il ressasse ses frustrations, loue le Führer et l'eugénisme, vilipende la RFA pourtant si indulgente à leur endroit. L'ordre du monde a changé : après la mort de son père, en 1974, Dieter refuse de répondre aux sollicitations de l'oncle d'Amérique. Même le fidèle Sedlmeier se lasse de ses navettes épuisantes avec le Brésil, des doléances et de l'obstination de Mengele, de ses sempiternelles querelles avec les Stammer et de son manque de reconnaissance. Aucun nazi en cavale n'a bénéficié d'un tel soutien ! Mengele est devenu un fardeau mais le clan de Günzburg ne peut l'abandonner : s'il était arrêté, la révélation des liens indéfectibles de la famille avec l'ange de la mort serait dramatique pour les affaires de la multinationale qui réalise des millions de marks de chiffre d'affaires et compte désormais plus de deux mille salariés. En 1971, Sedlmeier a encore menti à un juge d'instruction alors qu'il témoignait sous serment : Mengele n'entretient aucune relation avec sa famille ; il n'a jamais travaillé pour l'entreprise ; il vit certainement au Paraguay – Sedlmeier lit les journaux comme tout le monde ; il l'a croisé à l'aéroport de Buenos Aires pour la dernière fois, il y a plus de dix ans.

# 66.

Rolf Mengele est un jeune homme tourmenté. À chaque fois qu'il se présente, l'accueillent un silence gêné, des regards embarrassés. Mengele, comme...? Oui, Mengele. Le fils de Satan. Maudit patronyme, sa croix et sa bannière, jamais il n'oubliera sa consternation et son chagrin le jour où il a découvert en lisant les journaux, peu après l'enlèvement d'Eichmann, que l'oncle badin qui lui racontait des histoires de gauchos et d'Indiens à l'hôtel Engel était son père, le médecin tortionnaire d'Auschwitz. Funeste famille : élevé par sa mère, devenu avocat à Fribourg, Rolf fuit le clan de Günzburg. Il méprise le silence des Mengele sur les crimes de son père et leur dédain pour ses victimes. Leur solidarité tribale, leur cupidité, leur lâcheté lui sont odieuses. Rolf se revendique de gauche, en lutte contre le capitalisme et le fascisme, les Mercedes, l'hypocrisie et la conscience tranquille de la bonne société ouest-allemande. Rolf est un enfant contestataire de l'après-guerre, que ses cousins Dieter et Karl-Heinz surnomment « le communiste ». Un rebelle, mais un rebelle fragile, empêtré dans ses contradictions, torturé par ce père encombrant et venimeux.

À la Pinacothèque de Munich, planté devant les corps nus enchevêtrés de *La Chute des damnés* de Rubens, il ne peut s'empêcher de penser à lui, sur la rampe de sélection, grand orchestrateur du ballet macabre, démon en uniforme immaculé qui précipitait les hommes dans les ténèbres. Si seulement il était mort en Russie, comme la légende familiale l'a longtemps prétendu… Si seulement lui, Rolf, avait le courage de l'envoyer balader, de lui annoncer son mariage avec une juive polonaise ou une Zaïroise plutôt qu'une Allemande de bonne famille, son installation dans un kibboutz, comme un de ses bons amis, ou s'il trouvait la force de le balancer à la justice. Mais Rolf en est incapable. Ce serait un parricide, d'autres tourments, un drame supplémentaire. Son père est Josef Mengele. Il est le fils de Josef Mengele. Rolf doit savoir, pourquoi, comment, les sélections, les expérimentations, Auschwitz. Le vieux n'éprouve-t-il aucun regret, aucun remords ? Est-il la bête cruelle que les journaux décrivent ? Est-il à ce point malfaisant et dégénéré ? Peut-il l'aider à sauver son âme ? Et lui, Rolf, est-il un être mauvais par sa faute ?

Au début des années 1970, le père et le fils intensifient leurs échanges épistolaires. Longtemps, Mengele a négligé Rolf parce qu'il était resté dans les jupons d'Irene. Il lui préférait Karl-Heinz, ce fils spirituel qu'il avait su modeler adolescent lorsqu'il vivait en Argentine à ses côtés. Mais depuis qu'il a frôlé la mort, Mengele s'est mis en tête de renouer avec le fils biologique qu'il n'a croisé qu'une dizaine de jours en Suisse, quinze ans plus tôt. De lui, il attend la compassion que les autres lui refusent et il ne lui épargne aucun de ses tracas quotidiens, ni ses ennuis de santé, les sinusites, les disques dorsaux abîmés – «un probable début d'arthrose de la colonne vertébrale» –, espérant apitoyer Rolf qu'il sait plus fragile et sensible que le reste de la tribu Mengele. Culpabiliser, titiller l'orgueil, manigancer. À dessein, le père vante au fils les qualités du cousin, Karl-Heinz, «l'Allemand remarquable», travailleur, modeste et affectueux, qui lui envoie régulièrement de l'argent derrière le dos d'Alois et de Dieter, et que Rolf serait avisé d'imiter. Il veut dresser le blanc-bec, son fils égaré «par les médias enjuivés vendus aux puissances de l'argent», par l'éducation laxiste d'Irene et du marchand de chaussures de Fribourg. «Sans autorité, le monde est disparate et l'existence incompréhensible», lui écrit-il. Mengele critique son mode de vie, le physique de sa femme et ne fait même pas mine de s'étonner de ses déboires sentimentaux – Rolf divorce un an seulement après son mariage. Quand le jeune homme renonce à terminer sa thèse, il manifeste son mépris pour ce manque d'ambition: «Tout le monde est avocat de nos jours, si tu veux que je sois fier de toi, termine ton doctorat en droit.» Puis Mengele s'adoucit et lui quémande un peu d'affection, des photos, des cartes postales de la Forêt-Noire et de Munich, il est si malheureux et esseulé «dans la jungle, relégué au bout du monde».

Rolf se débat, cède, récuse, questionne: mais quid d'Auschwitz, *papa*? Mengele se déclare innocent des crimes dont on l'accuse. Il s'est battu afin de défendre «des valeurs traditionnelles incontestables» et n'a jamais tué personne. Au contraire, en décidant qui était apte à travailler, il a sauvé des vies. Il n'éprouve aucune culpabilité. Rolf est mal informé, il doit apprendre à tirer un trait sur certains événements douloureux: remuer éternellement le passé est malsain. L'Allemagne était en danger de mort. Et puis un père et un fils doivent s'aimer, quelles que soient les circonstances. Il lui demande de venir le voir au Brésil, «l'esprit ouvert, sans préjugés».

Rolf s'interroge. Au fond de lui-même, il sait qu'il ne trouvera la paix qu'en se confrontant à son géniteur, le médecin qui riait à Auschwitz et sifflait des airs d'opéra sur la rampe de sélection. Face à face, d'homme à homme, Mengele contre Mengele. Ils commencent à planifier son voyage lorsqu'une nouvelle crise éclate avec les Stammer.

## 67.

Mengele a levé la main sur Gitta. Une dispute absurde a dégénéré, le dernier carré d'une tablette de chocolat, un pot de confiture cassé, les fesses de l'ancienne danseuse effleurées, le litige est obscur, mais Gitta a hurlé et Mengele l'a giflée. Geza a empoigné le nazi déglingué et immédiatement téléphoné à Bossert. Mengele a dû camper quelques jours chez ses amis, le temps que Sedlmeier traverse l'Atlantique. Cette fois, les Stammer demeurent inflexibles : même les cinq mille dollars qu'il agite sous leur nez les laissent indifférents, après treize ans de vie commune, le divorce est consommé, adieu Peter, adieu Hochbichler, bon débarras. Que faire de Mengele ? Musikus n'a pas les connexions de Gerhard ;

Rudel s'est envolé. Sa seule alternative se défile. Un proche, qui avait donné son accord puis a renoncé, ne ferme plus l'œil de la nuit, persuadé d'être suivi par de mystérieux inconnus depuis que Musikus lui a confié son plan. Sa femme Liselotte n'aime pas que Mengele scrute ses jambes et son derrière dès qu'il a le dos tourné : Bossert lui a juré qu'il ne viendrait pas semer la zizanie chez eux. Le temps presse, les Stammer ont déjà vendu Caieiras et emménagé dans une somptueuse villa de mille mètres carrés à São Paulo ; Mengele et Cigano ont deux mois pour évacuer les lieux, sinon ils seront à la rue fin janvier 1975. Sans échappatoire, le sexagénaire se résout à l'impensable : vivre seul, pour la première fois depuis qu'il a quitté Buenos Aires. Geza décide de lui faire payer cher la révélation de sa liaison avec Gitta. Il lui inflige une dernière humiliation, la location du bungalow qu'il a acheté avec sa part de la vente de Caieiras, une masure en stuc à Eldorado, une banlieue déshéritée de São Paulo : Mengele ne saisira pas la justice.

La chute. Une sensation vertigineuse, quand Bossert le dépose à son nouveau domicile comme une bouteille à la consigne et s'éclipse sans mot dire, un sourire gêné aux lèvres. La porte se referme, Cigano jappe et Mengele titube de chagrin en découvrant la trappe à l'atmosphère humide de cave qui le conduira jusqu'aux abysses. Il en a l'intuition, la prochaine étape de sa dégringolade sera le cimetière ou la prison. Eldorado ! Le pavillon de la rue Alvarenga est lugubre, les murs vert-de-gris, la salle de bains lépreuse et minuscule, la cuisinière au butane, le

194

toit fuit. Eldorado! Dernière station de l'eugéniste de bonne famille, sur l'île chaotique et métissée, les entrailles du Brésil s'apprêtent à le dévorer.

Les premiers mois, il voudrait rafraîchir et sécuriser le gourbi mais la solitude dévore son énergie. Il entame le carrelage de la salle de bains et le rafistolage de la cuisine sans les achever. Allongé nu sur le sol en béton, son pistolet à portée de main, il fixe les pales du ventilateur pendant des heures plutôt que les barreaux aux fenêtres qu'il a commencé à installer. Lui, si matinal depuis l'enfance, tarde à quitter le lit. Il lui arrive de se recoucher, la gorge serrée. À quoi bon, marmonne-t-il à Cigano, et combien de coups de massue encore? Tout ce qu'il entreprend se dérobe comme par sortilège. L'eau filtrée grâce à l'appareil qu'il a monté sur le toit a toujours le goût du fer; il a beau aérer la chambre, les relents de moisi ne se dissipent pas et les blattes qui prolifèrent ne l'intéressent plus. Lorsque le jour décline, la tristesse le submerge, Irene, Martha, un geste de consolation, même les Stammer lui manquent parfois, il ne les croise que pour régler leurs comptes, bonjour, le loyer du bungalow moins le loyer du studio qui lui appartient, au revoir et merci, Gitta attend dans la voiture pendant que Geza récupère l'argent. Seul Bossert lui apporte un peu de répit. Il vient dîner tous les mercredis soir, écouter du Bach et les jérémiades de Mengele, ses doléances immuables, Allemagne, Hitler, famille, santé. Sa pression sanguine est trop élevée. Il souffre de rhumatismes et d'insomnies, redoute une opération de la prostate; son dos l'accable, ses vertèbres sont si abîmées qu'il marche difficilement. «Rolf est mou, Sedlmeier égoïste, Rudel un renégat matérialiste et Dieter un fils de pute comme l'était son père, ce chien d'Alois»: il ne lui envoie pas assez d'argent, heureusement que Karl-Heinz veille à compléter sa maigre pension, il n'empêche, ses fins de mois sont difficiles, il a hésité avant d'acheter un magnétophone. Et Mengele parle de sa nouvelle hantise, le *bárrio* interlope où la Providence l'a jeté, «un repaire de Noirs et de mulâtres débauchés, de bandits et de camés» où «les ordures s'accumulent et les rats prolifèrent». «L'autre soir, des chenapans ont sonné chez moi en pleine nuit et je n'ai pas pu me rendormir.» «Un cauchemar», répète chaque semaine l'enfant de Günzburg à Musikus: circulation démente, coupures d'électricité, pétarades, saleté, cahutes de bric et de broc, insécurité, bordel. Les soûleries du week-end et les transes collectives les soirs de match et de macumba... «Quelle déchéance... Je n'en reviens pas d'être tombé aussi bas.»

Pour le voisinage, Mengele est Pedro, un vieillard rabougri et farfelu. Il ne quitte plus le quartier depuis qu'un couple l'a dévisagé dans le métro – enfin, depuis qu'il pense qu'un homme murmurant à l'oreille d'une femme l'a regardé fixement. Mengele sombre encore dans la paranoïa, son front saillant l'obsède, l'espace entre ses incisives le mine, à chaque fois qu'il s'aventure tête basse jusqu'à l'épicerie, le bâtard Cigano sur ses talons, il tremble d'être démasqué, apostrophé, capturé, battu, les journaux qu'il achète tous les jours continuent à parler de lui, on ne le lâche pas et il est abasourdi, il n'en revient pas, des fables qui le décrivent omnipotent dans la jungle paraguayenne à Pedro Juan Caballero ou richissime au Pérou, de ce maudit Wiesenthal qui prétend l'avoir raté d'un cheveu en Espagne, des dizaines de milliers de dollars offerts pour sa capture, sans parler de ce film hollywoodien en tournage, *Marathon Man*, où Lawrence Olivier interprète l'Ange blanc, un dentiste nazi «librement inspiré de l'effroyable docteur Mengele, l'ange de la mort d'Auschwitz toujours en cavale», lit-il, lui qui n'est plus qu'une épave, incapable de se remémorer les traits des femmes qui l'ont aimé, réduit à se morfondre chez lui et à sursauter au miaulement d'un chat, lui qui agonise discrètement et voudrait hurler à la face du monde qu'il est malade et seul comme un chien, seul à crever, dans les décombres de la favela. On le fuit. Tous l'évitent, même le petit Luis, seize ans, un jardinier du quartier. Ils aimaient soigner ses fleurs ensemble, discuter de botanique en mangeant des glaces sous les couroupitas du square municipal, derrière le bungalow. Pedro croyait que Luis l'aimait bien : il lui a ouvert la porte de sa tanière, offert des bonbons et des chocolats, et l'a initié à la musique classique. Il a acheté un téléviseur pour lui faire plaisir.

Mais le gamin a pris peur quand le vieux moustachu s'est mis à valser, tout seul, et lui a proposé de coucher chez lui : ils pourraient regarder un feuilleton et construire une cabane dans le jardin le lendemain.

Luis n'est jamais revenu.

197

## 68.

À l'automne 1975, Bossert alerte Sedlmeier : le Brésil s'apprête à modifier le format de ses cartes d'identité. Il faut que Gerhard revienne à São Paulo, lui seul peut récupérer une carte conforme à la nouvelle législation, Mengele ne peut pas se présenter à l'administration. Sedlmeier doit convaincre l'Autrichien de rendre un dernier service à son vieil ami. La mission est délicate, Gerhard est très remonté contre les Mengele qui ont rechigné à payer les traitements de sa femme et de son fils et refusé de financer la boutique de matériel photographique qu'il envisageait d'ouvrir en Autriche. Il leur demandait trente mille marks mais n'en a obtenu que mille après d'âpres négociations. Entre-temps, son épouse est décédée et le jeune Adolf n'est pas tiré d'affaire.

Gerhard a donc besoin d'argent, mais aussi de considération. Sedlmeier a compris que lui graisser la patte ne suffirait pas, alors il passe le prendre en Mercedes et l'emmène à Braunau am Inn déjeuner dans le meilleur restaurant de la ville, où tout a commencé. Hitler est né dans une maison de la Salzburger Vorstadt, qu'ils visitent après un plantureux repas et quelques gros cigares. Le fanatique ému aux larmes, Sedlmeier en profite pour lui exposer son plan : en mémoire du Führer, il va retourner au Brésil, renouveler sa carte d'identité et sauver le capitaine SS Mengele.

Gerhard arrive à São Paulo début 1976.

Troquer les papiers n'est qu'une formalité, les traficoter et les retraficoter également, mais ils semblent encore moins vraisemblables qu'auparavant tant Mengele s'est fripé ces derniers temps. Hâve et mal rasé, il fait peine à voir à Gerhard. L'Autrichien l'aide à repeindre son salon et à accrocher une tête de sanglier empaillée dans sa chambre mais son fils malade requiert sa présence en Europe. Gerhard demande à Bossert de consacrer plus de temps à leur ami ou de lui présenter une famille qui viendrait le distraire de temps en temps. Musikus songe à un ingénieur textile argentin d'origine allemande, Ernesto Glawe, qu'il teste auprès de Gerhard. « Un brave homme, il fera l'affaire », conviennent les deux complices, à qui il n'est pas question de révéler la véritable identité de Pedro Gerhard, ancien médecin militaire du front russe et parent éloigné de Gerhard, Wolfgang. Avant de partir, il présente Glawe au vieux, et accomplit discrètement la dernière mission que lui a confiée Sedlmeier et dont Bossert est tenu informé : pour un oncle malade, réserver un emplacement à côté de la tombe de sa mère au cimetière de la ville d'Embu. Gerhard ne reverra jamais Mengele : il s'effondre devant sa voiture en 1978, à cinquante-trois ans.

## 69.

C'est en compagnie des Glawe que Mengele passe le dimanche 16 mai 1976. Pour la première fois, il est venu partager l'*asado*, le grand barbecue argentin ; d'habitude Ernesto et son fils Norberto lui rendent visite, des paquets de biscuits et des plats mijotés dans un panier – Bossert les a avertis que l'oncle Pedro manque d'appétit et ne sait pas cuisiner. Malgré la tonnelle du jardin, Mengele étouffe en ce dimanche de feu et il demande à Norberto de le ramener avant le café, il s'excuse mais une de ses effroyables migraines le guette, non, il ne veut pas s'allonger, il veut rentrer au plus vite, « merci petit ». Arrivé devant sa porte, il ne parvient pas à l'ouvrir, c'est étrange, il n'a pas la force de tourner la clé dans la serrure, son bras droit engourdi ne répond plus aux injonctions de son cerveau qui lui fait soudain atrocement mal, on dirait qu'une vanne s'est ouverte et inonde sa tête, des conduites explosent et l'empêchent d'appeler à l'aide, d'articuler et même d'y voir clair, alors il claudique jusqu'à la voiture de Norberto horrifié : le vieux vomit sur la portière ; sa lèvre inférieure pendouille du côté droit.

Hospitalisé quinze jours, Mengele récupère lentement de son accident vasculaire cérébral. Les Bossert et les Glawe se relaient à son chevet et à son retour de la clinique, Norberto s'installera chez lui : pour l'instant, même si d'après les médecins il a beaucoup de chance et ne gardera que peu de séquelles de l'AVC, l'oncle Pedro n'est pas en état de vivre seul.

La cohabitation du jeune Sud-Américain et du nazi exténué tourne vite au vinaigre. Norberto n'a ni la patience ni les compétences d'une infirmière pour gérer l'anxiété dévorante de Pedro. Celui-ci entre dans une rage folle quand sa mémoire lui joue des tours, balance le tournevis ou le livre que sa main droite branlante ne peut plus maintenir, se plaint de la cuisson des spaghettis. Au lendemain d'une nuit où le vieillard a rêvé et hurlé en allemand, Norberto décide de l'abandonner. Les Glawe ne veulent plus jamais le revoir.

«Cherche femme de ménage, bonne cuisinière, patiente et dévouée, pour un parent âgé. Références exigées. Pas sérieuse, s'abstenir...» À la petite annonce des Bossert répond une femme anguleuse d'une trentaine d'années. Elsa Gulpian de Oliveira entre au service de don Pedro fin 1976.

## 70.

Ponctuelle et souriante, Elsa aère, décrasse et époussette le taudis de fond en comble. Le vieux lui fait pitié, toujours seul, à bougonner, ronger ses ongles nerveusement ou réciter des poésies allemandes afin d'entretenir sa mémoire. «Don Pedro, vous ne devriez pas vous laisser aller ainsi»: elle l'encourage à l'accompagner faire les courses et à marcher, et Mengele obtempère, en prenant le bras de la petite bonne énergique qui n'est pas mauvaise cuisinière de surcroît. Il l'emmène dîner, l'invite au cinéma: à part Bossert, il n'a qu'elle dans sa vie. Le jour de la mort de Cigano, elle l'a enlacé, avec bienveillance, instinctivement, comme personne ne l'a étreint depuis

Martha. La présence d'Elsa le rassure, il retrouve un peu de vivacité et espère pouvoir tenir la promesse qu'il s'est faite, il y a maintenant plusieurs années : faire venir son fils au Brésil.

Aux nouvelles tergiversations de Rolf, Mengele réplique par des lettres pathétiques où s'enchevêtrent menaces et lamentations. Il est si seul et mal aimé qu'il se suicidera si Rolf ne vient pas. Sa santé périclite, par deux fois il a failli mourir ; les Israéliens vont l'assassiner : « Rolf, j'ai besoin de toi, nous devons nous voir au plus vite. »

Enfin, le jeune avocat torturé se décide. Son père prépare son voyage comme un général la bataille décisive. Rien ne sera laissé au hasard, Rolf devra respecter toutes ses directives pour arriver jusqu'à lui, multiplier les fausses pistes, réserver plusieurs chambres d'hôtel, apprendre à se noyer dans la foule et à se camoufler, « des lunettes de soleil et un chapeau sont indispensables », précise-t-il, à repérer une filature et à semer ses poursuivants, « Rolf, j'espère que tu es en forme, sinon fais du sport pour te préparer à l'expédition ». S'il le souhaite, Bossert lui remettra une arme à son arrivée à São Paulo. Et surtout, il lui faut un faux passeport. Mengele junior ne peut pas voyager sous son vrai nom en Amérique du Sud. Autant de précautions inutiles : plus personne ne recherche sérieusement Mengele en ce milieu des années 1970. Les Allemands de l'Ouest le croient toujours au Paraguay. Les Israéliens ne disposent pas d'informations récentes et n'envisagent plus de le kidnapper. Depuis la guerre des Six Jours, toutes les voix comptent au Conseil de sécurité de l'ONU, celles des pays d'Amérique latine comme les autres, aussi évitent-ils de les harceler à propos d'un vieux nazi peut-être déjà mort, et *a fortiori* de violer leur souveraineté.

Sedlmeier doit superviser les préparatifs. Malheur à Rolf s'il s'autorise des objections. Mengele peste, l'abreuve de missives. Rolf veut partir avec un ami en qui il a toute confiance, mais Mengele ne le connaît pas, il doit venir seul, « tu ne connais aucun de mes amis, papa », etc. Des dizaines de lettres traversent l'Atlantique, le temps file, Rolf tombe amoureux en Allemagne et retarde son départ, Mengele anxieux en veut à Sedlmeier qui s'arrache les cheveux. Enfin, le billet d'avion est réservé : Rolf s'envolera le 10 octobre 1977. Il devra apporter de « beaux cadeaux » aux Bossert, Mengele insiste, convaincu que l'avarice de sa famille est la raison de son divorce avec les Stammer, des pièces de rechange pour son rasoir électrique, des cornichons au sel du Spreewald, et des napperons en dentelle pour Elsa à qui il annonce l'arrivée imminente de son neveu. Avant son départ, Karl-Heinz et Rolf se rencontrent dans le jardin de Sedlmeier, et Karl-Heinz confie à son cousin plusieurs milliers de dollars qu'il remettra à Mengele, le mari de sa mère, leur cher « oncle Fritz ».

Rolf et son camarade arrivent sans encombre à Rio de Janeiro. Rolf présente à la douane le passeport qu'il a dérobé à un ami tandis que son complice a le passeport valide sur lui, au cas où, mais le fonctionnaire lui sourit : jeune homme, bienvenue au Brésil. Après une nuit à Rio,

Rolf s'envole seul pour São Paulo. Comme convenu, un premier taxi le dépose au point A, un deuxième au point B, un troisième chez Bossert. Sans échanger un mot, les deux hommes prennent immédiatement la direction d'Eldorado. Les voici sur Alvarenga. La rue empeste la viande carbonisée, des fils pendent aux pylônes électriques, des chiens fouillent les poubelles. Rolf observe les cahutes, les hommes débraillés, les femmes noires dodues en débardeur. Son cœur bat à tout rompre. La voiture cahote et se range devant le 5555. Un vieillard moustachu en chemisette se dresse sur le seuil, les poings sur les hanches.

Son père, Josef Mengele.

## 71.

La première chose qui le frappe est l'odeur de cagibi du bungalow, et la voix chevrotante de son père. Autrefois virile et impérieuse, elle l'avait impressionné, enfant, pendant leurs vacances à la montagne. Mais Rolf ne se laisse pas émouvoir, ni par les larmes que le vieux a versées en l'accueillant, ni par sa main droite difforme et son regard de bête traquée. Sedlmeier l'a mis en garde : « Josef est un redoutable comédien. » Rolf le fait asseoir et entre dans le vif du sujet. Après tant d'années, de lettres approximatives et de nuits blanches, son père lui doit enfin la vérité. Pourquoi est-il allé à

Auschwitz ? Qu'y a-t-il fait ? Est-il coupable des crimes dont on l'accuse ?

Pour la première fois, Mengele est confronté à ses forfaits inouïs. Il tousse en dévisageant son fils, le portrait craché de sa mère, et le trouve plus beau qu'en photo, n'étaient ses cheveux longs d'acteur américain qu'il devrait couper pendant qu'il est au Brésil et ses odieux pantalons pattes d'éléphant. Il ne veut boire que de l'eau ? Mengele a acheté de la bière et du vin en son honneur. Et s'il mangeait quelque chose ? « Parle, papa, après on verra. » De ces vieilleries ? soupire Mengele.

Oui, de ces vieilleries.

L'humanité est une morphologie qui n'a pas plus de but et de plan que l'orchidée ou le papillon. Il y a une croissance et une vieillesse des peuples et des langues, comme il y a des chênes, des pins et des fleurs, jeunes et vieux. Toutes les cultures connaissent des possibilités d'expressions nouvelles qui germent, mûrissent, se fanent et disparaissent sans retour, dit le père, qui s'est préparé à l'inquisition du fils. Après la Première Guerre mondiale, l'Occident avait atteint un point critique et l'Allemagne un stade inexorable de sa civilisation, gangrenée par la modernité technique et capitaliste, les masses, l'individualisme, le cosmopolitisme. Deux options se présentaient : mourir ou agir. « Nous les Allemands, race supérieure, devions agir. Nous devions inoculer une vitalité nouvelle afin de défendre la communauté naturelle et d'assurer l'éternité de la race nordique », dit Mengele. Hitler envisageait cent millions de Germains, deux cent cinquante à moyen terme et un milliard en 2200. «Un milliard, Rolf! Il était notre César et nous, ses ingénieurs, chargés de veiller à ce qu'il dispose toujours d'un nombre croissant de familles saines et racialement satisfaisantes...»

Rolf tambourine des doigts sur la table. Il connaît les théories de Spengler sur le déclin de l'Occident et ne s'est pas aventuré au Brésil pour entendre son père débiter la novlangue du catéchisme nazi: «Papa, qu'as-tu fait à Auschwitz?»

Mengele a un geste d'irritation, on l'interrompt rarement. «Mon devoir, lui dit-il droit dans les yeux, mon devoir de soldat de la science allemande: protéger la communauté organique biologique, purifier le sang, le débarrasser de ses corps étrangers.» Il devait classer, trier et éliminer les inaptes qui arrivaient par milliers tous les jours au camp. «J'ai essayé de désigner le plus grand nombre de travailleurs afin d'épargner un maximum de vies. Les jumeaux avec qui j'ai fait progresser la science me doivent aussi la vie», ose-t-il. Rolf le regarde de travers. Mengele essaie d'expliquer son principe de sélection: dans un hôpital militaire, tous les blessés ne sont pas opérables. Certains doivent mourir, c'est la guerre, ainsi sont régies les lois de la vie, seuls les plus forts subsistent. À l'arrivée des convois, il y avait tant et plus de morts vivants. Qu'en faire? Auschwitz n'était pas un asile mais un camp de travail, dit Mengele: mieux valait leur épargner d'énièmes souffrances en les éliminant immédiatement. «Crois-moi, ce n'était pas facile tous les jours. Tu comprends ?» Non, Rolf ne comprend pas, absolument pas, mais il ne contredit pas son père. S'il le laisse parler, Mengele va peut-être enfin lâcher un aveu, un regret. «J'ai obéi aux ordres parce que j'aimais l'Allemagne et que telle était la politique de son Führer. De notre Führer : légalement et moralement, je devais remplir ma mission. Je n'avais pas le choix. Je n'ai pas inventé Auschwitz ni les chambres à gaz et les fours crématoires. Je n'étais qu'un rouage parmi d'autres. *Si* certains excès ont été commis, moi, je n'en suis pas responsable, je...» Rolf se lève et tourne le dos à son père, il n'écoute plus. Il se masse le crâne en regardant par la fenêtre des gamins jouer au ballon.

## 72.

«Et les juifs alors, qu'est-ce qu'ils t'ont fait, les juifs ?» demande-t-il, après s'être rassis en face de lui. Mengele reparle de biologie, de bacilles, de microbes et de larves à éradiquer. Il lui désigne un gros moustique qui court sur un mur. «Nous allons l'écraser parce qu'il menace notre environnement et risque de nous transmettre des maladies s'il nous pique. Les juifs, c'est pareil.» Rolf ferme les yeux. Il voudrait s'enfuir mais il intime l'ordre à son père de ne pas bouger, ils n'en ont pas fini, l'insecte attendra. «N'as-tu jamais ressenti de compassion pour les enfants, les femmes et les vieillards que tu envoyais à la chambre à gaz ? Tu n'as aucun remords ? » Mengele lance un regard mauvais à son fils, qui ne comprend décidément rien. « La pitié n'est pas une catégorie valide puisque les juifs n'appartiennent pas au genre humain, dit-il. Ils nous ont déclaré la guerre, depuis des millénaires ils veulent la perte de l'humanité nordique. Il fallait tous les éliminer. Plus tard, les garçons seraient devenus des hommes et les filles des mères avides de revanche. Ainsi, les survivants empoisonnent l'Allemagne d'aujourd'hui et Israël menace la paix mondiale. Sache encore, Rolf, que la conscience est une instance malade, inventée par des êtres morbides afin d'entraver l'action et de paralyser l'acteur », dit Mengele. Il ne s'est pas rendu à la justice parce que les juges ne sont que des justiciers et des vengeurs.

La nuit est tombée sur Eldorado. Les Mengele dînent en silence. Le fils observe le père, cet étranger, crever le jaune de l'œuf et y tremper son pain avec gourmandise. Des résidus d'épinards hachés maculent sa moustache. « Tu as tué, papa ? Tu as torturé et jeté des nouveau-nés dans le feu ? » demande soudain Rolf. Mengele se redresse, le foudroie du regard. Il jure n'avoir jamais fait de mal à personne, rien que son devoir de soldat et de scientifique. Lorsqu'un pilote largue ses bombes sur une ville en territoire ennemi, la collectivité ne l'incrimine pas, au contraire, elle le traite en héros. Alors pourquoi s'acharne-t-on contre lui ? D'ailleurs, les Allemands n'ont jamais protesté, le pape non plus. C'est aussi injuste qu'infâme ! dit Mengele. En tant que chirurgien du peuple, il a œuvré à la projection de la race aryenne dans l'éternité et au bonheur de la communauté. L'individu ne comptait pas.

Le vieillard écarlate se lève brusquement et hurle : « Toi, mon fils unique, tu crois à toutes les saloperies qu'on écrit sur moi ! Tu n'es qu'un petit-bourgeois, influencé par ton idiot de beau-père, tes études de droit et les médias, comme toute ta génération merdeuse. Cette histoire vous dépasse, alors foutez la paix à vos aînés et respectez-les. Je n'ai rien fait de mal, Rolf, tu m'entends ? »

C'est fini. Après deux jours et deux nuits de discussions sans relâche, Rolf abandonne. Son père est buté, incurable et malfaisant, un criminel de guerre, un criminel contre l'humanité, impénitent. Oui, c'est terminé, se dit Rolf, et la suite de son séjour n'a plus d'importance, les promenades, les photos avec les Bossert et le pique-nique sur la plage de Bertioga sont des faux-semblants. Il part plus tôt que prévu. À l'aéroport, son père lui glisse qu'il espère le revoir.

Rolf s'éloigne vers la zone d'embarquement.

## 73.

Mengele a vécu la venue de son fils comme une victoire, sa placidité des derniers jours comme un acquittement après des débuts orageux. Rolf lui a redonné un peu de tonus mais quatre, cinq, six jours après son départ, il ne lui a toujours pas confirmé qu'il était bien rentré. A-t-il été arrêté à Rio ? À son arrivée en Allemagne ? Mengele a pourtant essayé de le dissuader de présenter son vrai passeport pour rentrer en Europe. Il lui écrit des lettres paniquées, dévore les journaux, écoute et regarde avec anxiété les nouvelles, le fils de l'ange de la mort a peut-être été capturé en revenant du Brésil. Mengele se ronge les ongles et les sangs, jusqu'à ce que Sedlmeier le rassure un mois plus tard seulement. La visite de Rolf n'a donc servi à rien. Le petit salopard. Mengele est ulcéré ; à nouveau, le vide et la mélancolie l'envahissent. Bossert lui suggère de déménager dans un quartier plus avenant mais il ne veut pas quitter Eldorado où personne ne cherchera jamais le criminel le plus redoutable de l'univers. D'ailleurs, il n'a ni la force ni le désir de se familiariser à un nouvel environnement.

Et puis à Eldorado, il y a Elsa. Elsa qui le bichonne et le materne quotidiennement, Elsa que Mengele initie à la musique classique, au latin et au grec, Elsa à qui il offre des châles, un bracelet en or et d'autres cadeaux généreux grâce à l'argent de Karl-Heinz et à la vente du studio de São Paulo. Il souffre quand sa femme de ménage le quitte en fin de journée après s'être mis du rouge aux lèvres sur la pointe des pieds devant le miroir de la salle de bains pour sortir avec d'autres hommes. Lorsque Elsa prépare le café le matin, il croit revoir Irene, de dos, les deux femmes se ressemblent, avec ces hanches minces, ces cheveux blond vénitien ondulés ramenés en chignon. Elsa a de l'affection pour don Pedro qui lui rappelle son père

210

disparu quand elle avait quinze ans, il est bon avec elle, distingué, si différent des brutes avinées qui lui tournent autour dans le quartier.

Don Pedro l'accompagne au mariage de sa sœur. Il refuse de poser sur les photos de famille mais danse volontiers avec la jeune femme, collé contre son corps gracile, jusqu'à inhaler son haleine teintée de citron vert et de cachaça. Le vieillard la désire : peu avant minuit, Mengele prétexte un malaise, une douleur subite au dos et des élancements dans une jambe afin qu'elle le raccompagne chez lui.

Elsa masse le corps desséché de don Pedro. Sa cuisse droite le fait souffrir. Lorsque la candide y appose une main embarrassée, Mengele la dirige vers son sexe. Elsa rouspète, «pour le principe», pense-t-il en lui serrant le poignet, Elsa s'exécute, toujours anxieuse de contenter don Pedro, et commence à effleurer sa tige, à la cajoler avec délicatesse, à l'agiter plus énergiquement mais elle n'enfle pas, au contraire elle se recroqueville comme un escargot, Mengele insiste, «doucement», «plus vite», mais ne bande pas. Un désastre. La femme de ménage lui caresse les cheveux et le berce comme le fils qu'elle n'a pas : oui, elle veut bien dormir dans le lit de don Pedro cette nuit.

Le lendemain matin, il propose à Elsa de s'installer chez lui. Elle refuse – «Ça ne se fait pas don Pedro, que diront les gens du voisinage, et ma mère ? Nous sommes une famille pauvre mais respectable.» Ou alors, à une condition, qu'il l'épouse.

# 74.

«Non, impossible, impossible», balbutie Mengele désemparé, en fondant en larmes. Il aimerait, oh il adorerait que cette femme douce et attentionnée devienne son épouse et partage ses dernières années, mais il ne peut pas lui expliquer qu'il crève de peur de présenter les vrais faux papiers de Gerhard à l'officier d'état civil de la commune d'Eldorado. Elsa en pleurs aussi se signe, trois fois, avant de dissimuler son visage entre ses mains. S'il n'a rien à ajouter et n'est même pas fichu de lui donner une explication, elle s'en ira, elle n'est pas une putain. Don Pedro est un homme de valeur mais il devra embaucher une nouvelle bonne.

Le vieux nazi ne laissera pas sa dernière alliée s'enfuir. Il vient trouver sa mère, lui jure qu'il augmentera la paie d'Elsa et lui offrira la meilleure des vies, s'agenouille en joignant les mains devant sa poitrine suffocante: il la supplie de convaincre sa fille de revenir travailler chez lui. «Alors épousez-la.» Maudites conventions! Saleté de catholicisme! Mengele est désespéré. Il les harcèle, traîne devant leur masure, leur fait envoyer des fleurs, sanglote, implore, gémit. Don Pedro est décidément un vieil homme étrange. La mère dit à la fille qu'il a perdu la tête et lui conseille de prendre ses distances. En octobre 1978, Elsa annonce à Mengele qu'elle va se marier et qu'il doit la laisser tranquille. Il s'effondre, la conjure de renoncer, aucun homme ne s'occupera d'elle aussi bien que lui, mais elle ne veut rien entendre. «Alors, je vais bientôt mourir», murmure don Pedro.

Le départ d'Elsa, c'est le coup de grâce.

La santé précaire de Mengele se détériore rapidement, malgré l'arrivée d'une nouvelle bonne, Inez, qui emménage dans une cabane au fond du jardin. Urticaire, zona et troubles hépatiques, son corps le lâche. Il n'a plus d'appétit et maigrit à vue d'œil, sa vie est dénuée de sens, sa solitude une torture, il a perdu ses combats, écrit-il à Sedlmeier, et puisque tout le monde l'abandonne, cette fois il est prêt au suicide. Ses nuits sont atroces, dévorées d'angoisses qui oppriment sa cage thoracique, des douleurs cuisantes, comme s'il allait étouffer. À genoux, yeux clos, il prononce avant de se coucher la prière en latin que son père lui récitait enfant pour l'apaiser: *procul recedant somnia, et noctium phantasmata*, puissent-ils rester loin de nous, les songes et les chimères de la nuit. Mais rien ne peut sauver son âme et calmer ses troubles. Mengele ne dort plus. Comme un enfant, il demande à Inez de laisser la lumière allumée au salon et vient lui souhaiter bonne nuit dans sa hutte, si seulement elle acceptait de dormir avec lui, enfin, il pourrait se reposer quelques heures. Parfois, il entend des voix et erre la nuit dans le bungalow, tel un somnambule à la recherche de ses fantômes. La démence rôde. De jour, il se cogne aux meubles et marmonne tout seul, Rolf, Irene, papa. Il n'a même pas la force de célébrer le réveillon de Noël chez les Bossert. Lorsque Musikus passe le matin du 25 lui apporter des restes de viande et une part de gâteau, il le découvre livide, assoupi dans une mare d'urine et d'excréments. Sur la table de nuit, une boîte de suppositoires, des rognures d'ongles, une carte de vœux. Sedlmeier lui souhaite une bonne année 1979 et lui annonce qu'il est grand-père depuis quelques mois. Rolf ne lui a pas envoyé le faire-part de naissance de son fils.

En janvier, la canicule frappe l'État de São Paulo. Bossert propose à Mengele de quitter son étuve et de venir se rafraîchir au bord de l'océan, dans sa maison de vacances de Bertioga : les enfants seront contents de retrouver leur oncle. Le 7 février 1979 à l'aube, Mengele monte dans un bus à destination du port de Santos. Musikus le récupère à la gare routière, prostré puis d'humeur exécrable, si fatigué qu'il ne déjeune pas et s'enferme dans sa chambre sitôt arrivé pour faire la sieste.

Mengele rêve. Pour la première fois depuis des jours et des lunes, Mengele rêve.


## 75.


Une forêt perdue dans la brume, des campagnes obscures, des pleurs et des soupirs, diverses langues, d'horribles jargons. Des foules d'enfants, de femmes et d'hommes nus, harcelés par les mouches et les guêpes, sont convoyées par des diables noirs. Parmi les prisonniers, Eichmann, Rudel, Gitta et Geza Stammer, von Verschuer, le généticien sans scrupules, et tout le clan de Günzburg, la sainte famille réunie, père, mère, frères, épouses, fils et neveux poussent chacun un fardeau de granit en s'injuriant. Un immense brasier se prépare. Des boucs et des singes traînent des carrioles chargées de bois, un orchestre accorde ses instruments. Montée sur une estrade, les bras levés vers les étoiles et les nuages menaçants de neige, une sorcière ébouriffée harangue le cortège. C'est veille de carnaval et la déesse Germania va être suppliciée.

« Mengele ! » hurlent deux voix usées, « Mengele ! ». Il se retourne : deux hommes en haillons le mettent en joue. Il reconnaît immédiatement le père et le fils qu'il a fait disséquer et bouillir à Auschwitz, le bossu et le boiteux, ces juifs modestes de Łódź. Ils s'avancent et pointent leur pistolet sur la tempe du vieux médecin en blouse immaculée. Mengele frémit, s'agenouille, supplie. Le bossu éclate de rire et le boiteux sifflote un air de *Tosca*.

## 76.

Il se réveille épuisé et baigné de sueur, le cœur palpitant, et tremble de la tête aux pieds, parce qu'il pressent qu'il arrive au terme de son macabre voyage, ce 7 février 1979.

Malgré ses douleurs au dos, il parvient à se lever, enfile un maillot, s'habille et sort, sans boire ni manger. Il gagne la plage en contrebas de la maison de vacances. Bossert le hèle de la main. Veut-il s'allonger sous le parasol? Un verre de limonade, un beignet de morue? Mengele lui propose plutôt de marcher le long du rivage. Tête et torse nus, il s'avance hébété dans la lumière aveuglante, sans prêter attention aux banalités que Bossert profère. À bout de souffle, la tête lui tourne; il doit s'asseoir sur un rocher. Silence. En suspension, des cris d'enfants, un vol d'oiseaux, le ressac et le vent salé du large, brûlant, qui soulève des torchères de sable blond. Et soudain Mengele se met à parler, confusément, de décombres, de ses parents et de Günzburg, en fixant l'horizon. Il rêverait d'y retourner et d'y finir ses jours, dit-il à Bossert. Il meurt de chaud et de soif.

Il meurt, simplement. Alors, mû par une force obscure, il entre seul dans l'eau turquoise, tête basse, et se laisse flotter, ne sent plus son corps endolori ni ses organes viciés, porté par le courant qui le draine vers le large et les grands fonds, quand brusquement sa nuque maigre se raidit, ses mâchoires se serrent, ses membres et sa vie se figent, Mengele râle, des mouettes battent des ailes et planent en piaulant de joie, Mengele se noie. Il respire encore pendant que Bossert lutte contre les vagues pour le ramener sur la plage mais c'est son cadavre qu'il sort de la mer.

«L'oncle Pedro est mort!» s'exclament Liselotte et les enfants. L'oncle Pedro est mort dans l'immensité de l'océan, au soleil du Brésil, furtivement, sans avoir affronté la justice des hommes ni ses victimes, pour ses crimes innommables.

216

Le lendemain, Mengele est inhumé sous sa fausse identité à Embu. Bossert, hospitalisé, manque l'enterrement. Seuls sa femme, le directeur et un employé du cimetière assistent à la mise en terre de «Wolfgang Gerhard».

ÉPILOGUE

*Le fantôme*

## 77.

Ce 27 janvier 1985, il neige sur Auschwitz. Parmi les survivants venus commémorer le quarantième anniversaire de la libération du camp, il y a ce jour-là un groupe de quinquagénaires et de sexagénaires cabossés, des jumeaux, des nains et des estropiés. Des reliquats du zoo humain de Mengele réclament justice devant les caméras du monde entier et exhortent les gouvernements à mettre enfin la main sur leur tortionnaire. « Nous savons qu'il est vivant. Il doit payer. »

De Pologne, la plupart s'envolent pour Israël. Le 4 février débute le simulacre de procès du criminel contre l'humanité au mémorial de l'Holocauste de Yad Vashem, à Jérusalem. Le tribunal est présidé par l'ancien procureur général du procès Eichmann. Trois soirs d'affilée, les cobayes de Mengele témoignent de leur martyre. Une ancienne gardienne d'un bloc de jumeaux tsiganes se souvient. Après avoir injecté le sperme d'un jumeau dans les entrailles d'une jumelle dans l'espoir que la jeune femme donne naissance à une paire de nourrissons,

Mengele, constatant qu'elle ne porte qu'un enfant, lui a arraché le bébé de l'utérus et l'a jeté au feu. Hébétée, une femme dit qu'elle a dû assassiner sa petite fille de huit jours. Mengele a ordonné qu'on bande sa poitrine afin de sevrer l'enfant : il voulait connaître la durée de vie d'un nourrisson non alimenté. La mère a entendu son bébé hurler sans discontinuer et a fini par lui injecter de la morphine fournie par un médecin juif. Des femmes racontent que des SS ont fracassé des crânes de nourrissons vivants avec leurs crosses de fusils et décrivent le mur d'yeux épinglés comme des papillons dans le bureau de Mengele. Les dépositions sont diffusées en mondovision et le retentissement est immense : avant même la fin du procès, le ministre de la Justice américain exige le réexamen complet du dossier et l'arrestation du criminel, sous la pression du centre Simon Wiesenthal de Los Angeles qui vient de rendre public un mémorandum déclassifié du contre-espionnage indiquant que les Américains détenaient Mengele en 1947. L'information est erronée mais fait grand bruit : les Américains ont-ils laissé filer l'ange de la mort ? Ont-ils usé de ses services comme ceux de tant d'autres nazis après guerre ? Le Bureau des investigations spéciales créé par l'administration Carter pour pister les criminels nazis aux États-Unis coordonne l'enquête. À sa disposition, la CIA, la NSA, le département d'État et la Défense, les ressources sans limites de la superpuissance américaine. Deux jours plus tard, le 8 février, les Israéliens annoncent qu'ils reprennent la traque et offrent un million de dollars à qui leur livrera

Mengele. Les récompenses pour sa capture atteignent des montants faramineux : le centre Simon Wiesenthal et le *Washington Times* ajoutent un million de dollars chacun, la RFA un million de marks… Quarante ans après la fin de la guerre, la tête de Mengele vaut désormais trois millions quatre cent mille dollars. Américains, Israéliens et Allemands de l'Ouest s'engagent à coordonner leurs efforts et à partager leurs informations. Journalistes et aventuriers envahissent Günzburg et l'Amérique du Sud ; les médias feuilletonnent la plus grande chasse à l'homme de la fin du vingtième siècle. Une chasse au fantôme, mais tout le monde l'ignore encore.

La vague *Holocauste* vient de déferler sur l'Occident. À la fin des années 1970, le feuilleton dont les héros sont Meryl Streep et James Woods a sensibilisé des dizaines de millions de foyers à la destruction des juifs d'Europe. Le choc est immense, l'émoi considérable, le terme entre dans le langage commun, les rescapés des camps parlent enfin. En Allemagne, la génération des cadres et des exécutants du nazisme est partie à la retraite et un douloureux travail de mémoire officiel peut commencer. Aux États-Unis, l'Holocauste devient un point de référence moral. Le Congrès approuve la construction d'un musée à Washington ; vingt-deux autres suivront dans tout le pays. Claude Lanzmann est en train de terminer *Shoah*.

Cette fois, il faut attraper le monstre et déférer devant la justice « le symbole de la cruauté nazie », a dit le président du tribunal de Yad Vashem, le procureur général du procès Eichmann. Ces dernières années, les informations les plus insolites ont continué de circuler, le mythe a encore enflé, « Herr Doktor » demeure insaisissable. Bien que le Paraguay ait finalement révoqué sa citoyenneté à l'été 1979, beaucoup pensent qu'il y vit toujours, protégé par les sbires du président Stroessner. En mai 1985, Beate Klarsfeld proteste sous les fenêtres du palais présidentiel d'Asunción. Simon Wiesenthal affirme qu'il navigue entre le Chili, la Bolivie et le Paraguay ; Israël, qu'il se terre en Uruguay. Le *New York Post* l'a débusqué dans le comté de Westchester, à côté d'une yeshiva orthodoxe, non loin de New York. Sous le pseudonyme d'Henrique Wollman, il serait l'un des barons du trafic de drogue entre l'Amérique du Sud et les États-Unis et a failli être arrêté à Miami. Portée par le succès du film *Ces garçons qui venaient du Brésil*, dans lequel Gregory Peck interprète un Josef Mengele conforme à la légende – chef d'une conspiration néonazie, il a cloné quatre-vingt-quatorze petits Adolf Hitler afin d'établir un Quatrième Reich –, une fable le soupçonne de se cacher derrière la prolifération de jumeaux blonds à Cândido Godói, une bourgade du sud du Brésil.

## 78.

À Günzburg, les cousins Karl-Heinz et Dieter s'inquiètent. La tempête médiatique et judiciaire menace l'entreprise, des journalistes campent devant l'usine et leur domicile, les récompenses promises pourraient délier les langues de leurs cupides affidés sud-américains. Leur pacte du silence tient depuis six ans. Après la mort de son père, Rolf est retourné au Brésil récupérer ses effets, sa correspondance et ses carnets. Il a grassement rémunéré les Bossert pour leurs loyaux services et leur a offert la moitié du bungalow d'Eldorado. Il a attribué la seconde aux Stammer qui l'ont aussitôt vendue aux Bossert. Les deux familles ont juré de ne jamais éventer le secret de la mort de l'oncle Pedro. Le clan de Günzburg a fait bloc et n'a rien dit non plus, l'annonce aurait valu des questions gênantes, la révélation du soutien indéfectible au fugitif, une publicité détestable pour la multinationale. Les Mengele ont savouré les vains efforts des rescapés, des gouvernements et des chasseurs de nazis pour capturer le fuyard. Rolf, fidèle à ses contradictions, s'est tu par considération envers les alliés de son père. Bien qu'il déteste ses cousins, il a comme eux espéré que la dépouille ne soit jamais découverte et que le temps engloutisse Mengele. Les témoins compromettants disparaissent les uns après les autres, Gerhard il y a longtemps, Rudel et Krug en 1982.

Mais en cette fin d'hiver 1985, les Mengele doivent changer de tactique. La pression est trop forte, des articles incriminent l'entreprise soupçonnée d'alimenter le compte en Suisse du criminel en cavale. En mars, Dieter accorde une interview à une grande chaîne de télévision américaine. Il dément tout contact avec son oncle depuis sa fuite d'Argentine, minore ses crimes et suppose qu'il est mort – «les hommes meurent jeunes dans la famille» –, Mengele aurait soixante-quatorze ans. Qu'on ne se méprenne pas, il ne dispose d'aucune information. Sa prestation ne fait qu'alimenter les spéculations: bien sûr que Mengele est vivant, son neveu manigance à présent que tous les services secrets et les polices sont à ses trousses, les recherches doivent s'intensifier. Rolf est en colère contre Dieter, qui ne l'a pas prévenu de son intervention télévisée. Fin mars, les trois cousins se retrouvent à Günzburg. Dieter propose de déterrer les ossements au cimetière d'Embu, de les ramener en Allemagne et de les déposer devant la porte du procureur en charge de la traque avec un mot anonyme: «Voici les restes de Josef Mengele». Rolf refuse. Il préconise le silence absolu. Avec un peu de chance, le squelette ne sera jamais retrouvé.

Mais la chance a tourné. À l'automne 1984, le fidèle Sedlmeier s'est laissé aller à quelques confidences lors d'un dîner en Forêt-Noire où le néoretraité et sa femme étaient en villégiature. Une soirée sympathique, très arrosée, et le commis du diable a flanché: il a raconté à un ami qu'il n'a jamais cessé d'envoyer de l'argent à Mengele. L'homme a parlé à la police, qui dispose désormais d'un mandat: le 10 mai 1985, à Francfort, le procureur allemand informe ses partenaires américains et israéliens de l'imminence d'une perquisition chez Sedlmeier. Cette fois, la police de Günzburg sera tenue à l'écart, elle ne préviendra pas l'intéressé.

À la fin du mois, les policiers investissent la luxueuse villa de Sedlmeier. Dans le vestiaire de sa femme, ils saisissent un carnet d'adresses et de numéros de téléphone codés, des lettres photocopiées de Mengele, des Bossert et des Stammer. Une des lettres de Bossert annonce la mort de l'oncle. Sedlmeier refuse de collaborer, il est assigné à résidence le temps que la police décrypte le carnet. Celui-ci mène au Brésil ; alertée, la police de São Paulo surveille durant quatre jours, vingt-quatre heures sur vingt-quatre, les allées et venues des Bossert et des Stammer. Nulle trace de Mengele. Alors, elle entre chez les Bossert à l'aube du 5 juin.

Des détritus, des babioles et des photos récentes du vieux moustachu trouvés dans une commode confirment les liens de la famille avec Mengele. Rapidement, les Bossert se mettent à table : Mengele est mort et enterré au cimetière d'Embu dans un caveau au nom de Wolfgang Gerhard. Le lendemain, Gitta Stammer est plus coriace : oui, elle reconnaît l'homme sur la photo, c'est Peter Hochbichler, le Suisse qui a longtemps managé leurs fermes, Gerhard le leur a présenté. Elle ne connaît pas de Josef Mengele. Geza n'est pas interrogé, il est en croisière en Asie.

Le même jour, à l'autre bout du monde, l'information sensationnelle fuite dans la presse : sur cinq colonnes à la une, le quotidien *Die Welt* annonce que le cadavre de Mengele a été retrouvé au Brésil. Le 6, une forêt de caméras, de photographes et de micros encercle les policiers et les Bossert venus excaver la tombe de Gerhard au cimetière d'Embu. La terre est creusée, le cercueil hissé, son couvercle défoncé, le squelette enfin dévoilé. Le directeur du laboratoire de la police médico-légale de São Paulo brandit le crâne comme s'il exhumait le fossile d'un reptile mythique pisté depuis des siècles, le vrai visage du monstre, couleur de boue, grouillant de vers, une vanité, le triomphe de la mort.

Les meilleurs médecins légistes accourent au Brésil pour identifier la carcasse. Les Israéliens et les Klarsfeld sont sceptiques. Pourquoi la famille a-t-elle gardé le silence pendant six ans ? Pourquoi s'être à ce point compliqué la vie ? Et pourquoi maintenant ? C'est certainement un nouvel écran de fumée afin que Mengele puisse jouir paisiblement de ses dernières années. Wiesenthal n'y croit pas non plus, c'est la septième fois que le criminel meurt, trépassé une fois sur le front russe, deux fois au Paraguay, une fois au Brésil, une autre en Bolivie, et même au Portugal où il se serait suicidé récemment.

Pendant ce temps, les experts déterminent le groupe sanguin du squelette, saisissent un cheveu, des poils de moustache, une empreinte digitale, mesurent les os et le fossé entre les incisives supérieures, examinent les vertèbres, les fémurs, un trou dans la joue et la proéminence du front, superposent des photos de Mengele jeune et vieux, consultent son dossier SS où une fracture du bassin des suites d'un accident de moto à Auschwitz est mentionnée. Rolf décide de briser le silence. Il envisage d'abord de vendre au magazine *Stern* des lettres, des carnets et des clichés de son père qu'il a pris lors de son voyage au Brésil, puis il les cède gratuitement à *Bunte*, un illustré à très grand tirage. Les bénéfices seront versés à des associations de survivants des camps de concentration. En couverture du numéro du 18 juin, les Allemands de l'Ouest découvrent un Mengele raviné en chemise col pelle à tarte, coiffé d'un chapeau de paille. Un dossier spécial révèle que sa famille savait où il se cachait et l'a soutenu financièrement jusqu'à la fin. Rolf confirme, dans un bref communiqué, que son père est mort au Brésil en 1979 et présente sa plus profonde sympathie aux victimes et à leurs proches. Il n'a pas révélé le décès par considération pour les gens qui ont aidé son père. Il ne dit pas un mot sur ses exactions ; Dieter, Karl-Heinz et Sedlmeier se murent dans le silence.

Le 21 juin, la police convoque la presse à son QG de São Paulo. Avec une certitude scientifique raisonnable, les médecins légistes ont positivement identifié le squelette découvert à Embu comme étant celui de Josef Mengele.

## 79.

En 1992, des tests ADN ont confirmé l'avis des experts.

Cette même année, l'Allemagne, Israël et les États-Unis classent définitivement le dossier Mengele.

Ses restes ont été stockés dans un placard de l'Institut médico-légal de São Paulo. La famille n'a pas réclamé la dépouille. Mengele sera privé de sépulture.

Dieter, Karl-Heinz et Sedlmeier n'ont jamais été poursuivis en justice, Rolf non plus. Le délit d'assistance à criminel recherché est prescrit au bout de cinq ans en Allemagne.

L'entreprise Mengele Agrartechnik a périclité après les révélations de juin 1985. Elle ne comptait plus que six cent cinquante salariés en 1991 contre le double six ans plus tôt. Elle a été vendue cette année-là. La marque a définitivement disparu en 2011.

Dieter et Karl-Heinz Mengele ont créé en 2009 une fondation destinée à aider les nécessiteux de Günzburg et à redonner un peu de lustre à un patronyme «associé à des choses négatives ces dernières années», a déclaré Dieter à l'*Augsburger Allgemeine.*

Les carnets et journaux d'exil de Josef Mengele ont été vendus aux enchères aux États-Unis pour deux cent quarante-cinq mille dollars en 2011. Le vendeur et l'acheteur sont restés anonymes.

Rolf Mengele vit et travaille comme avocat à Munich. Il a changé son nom pour celui de sa femme.

Dans une interview à un journal israélien en 2008, il a demandé au peuple juif de ne pas le haïr à cause des crimes perpétrés par son père.

80.

Les os de Mengele ont été légués à la médecine brésilienne en mars 2016.

Ses débris livrés aux manipulations des médecins apprentis de l'université de São Paulo : ainsi se termine la cavale de Josef Mengele, plus de soixante-dix ans après la fin de la guerre qui anéantit un continent cosmopolite et cultivé, l'Europe. Mengele, ou l'histoire d'un homme sans scrupules à l'âme verrouillée, que percute une idéologie venimeuse et mortifère dans une société bouleversée par l'irruption de la modernité. Elle n'a aucune difficulté à séduire le jeune médecin ambitieux, à abuser de ses penchants médiocres, la vanité, la jalousie, l'argent, jusqu'à l'inciter à commettre des crimes abjects et à les justifier. Toutes les deux ou trois générations, lorsque la mémoire s'étiole et que les derniers témoins des massacres précédents disparaissent, la raison s'éclipse et des hommes reviennent propager le mal.

Puissent-ils rester loin de nous, les songes et les chimères de la nuit.

Méfiance, l'homme est une créature malléable, il faut se méfier des hommes.

SOURCES ET BIBLIOGRAPHIE

Ce livre relate l'histoire de Josef Mengele en Amérique du Sud. Certaines zones d'ombre ne seront sans doute jamais éclaircies. Seule la forme romanesque me permettait d'approcher au plus près la trajectoire macabre du médecin nazi.

Pour préparer ce livre, je me suis rendu à Günzburg, en Argentine et au Brésil où j'ai notamment retrouvé la ferme Santa Luzia, dans les environs de Serra Negra.

Parmi les nombreux ouvrages étudiés, quelques-uns ont été essentiels à la préparation de ce livre. Celui de Miklós Nyiszli, *Médecin à Auschwitz* (Julliard, 1961), pour commencer. Je citerais les ouvrages d'Ulrich Völklein, *Josef Mengele, der Arzt von Auschwitz* (Steidl, 2003), de Gerald Astor, *The Last Nazi* (Sphere Books, 1986), et de Sven Keller, *Günzburg und der Fall Josef Mengele* (Oldenbourg, 2003). *Mengele, The Complete Story*, de Gerald L. Posner et de John Ware (Cooper Square Press, 2000), est une mine d'informations sans égal et à ce jour la meilleure biographie de Mengele, selon moi. Dans les années 1980, Posner et Ware ont eu accès aux journaux intimes du médecin en cavale. Concernant l'Argentine de Perón et sa politique d'accueil des criminels de guerre nazis, *La Autentica Odessa* d'Uki Goñi (Paidos Iberica, 2002) et *Eichmann Before Jerusalem* de Bettina

233

Stangneth (The Bodley Head, 2014), sont des livres incontournables. *La Loi du sang* (Gallimard, 2014) de Johann Chapoutot m'a été précieux pour appréhender la vision du monde nazie.

Dante Alighieri, *La Divine Comédie : l'Enfer*, Flammarion, 2004.

Hannah Arendt, *Responsabilité et jugement*, Payot, 2005.

Gerald Astor, *The Last Nazi*, Sphere Books, 1986.

Michel Bar-Zohar, *Les Vengeurs*, Fayard, 1968.

Neal Bascomb, *La Traque d'Eichmann*, Perrin, 2010.

Carmen Bernand, *Histoire de Buenos Aires*, Fayard, 1997.

—, *Buenos Aires 1880-1936, Un mythe des confins*, Autrement, 2001.

Laurence Bertrand Dorléac, *Contre-déclin*, Gallimard, 2012.

Laurent Binet, *HHhH*, Grasset, 2010.

Esteban Buch, *El pintor de la Suiza argentina,* Editorial Sudamericana, Buenos Aires, 1991.

Jorge Camarasa, *Le Mystère Mengele*, Robert Laffont, 2009.

Johann Chapoutot, *La Loi du sang*, Gallimard, 2014.

Bruce Chatwin, *En Patagonie*, Grasset, 2002.

Jean Clair, *La Barbarie ordinaire, Music à Dachau*, Gallimard, 2001.

—, *Hubris*, Gallimard, 2012.

Joseph Conrad, *Au cœur des ténèbres*, Flammarion, 1989.

Eckart Conze, Norbert Frei, Peter Hayes, Moshe Zimmermann, *Das Amt und die Vergangenheit*, Blessing, 2010.

Tania Crasnianski, *Enfants de nazis*, Grasset, 2016.

Michel Cymes, *Hippocrate aux enfers*, Stock, 2015.

Erri De Luca, *Le Tort du soldat*, Gallimard, 2014.

Eric Deshayes, *Au-delà du rock, la vague planante électronique et expérimentale allemande des années 70,* Le Mot et le Reste, 2007.

—, *Kraftwerk*, Le Mot et le Reste, 2014.

Otto Dix, *La Guerre*, Gallimard, 2015.

Tomás Eloy Martínez, *Le Roman de Perón*, Robert Laffont, 2014.

—, *Santa Evita*, Robert Laffont, 2014.

Reiner Engelmann, *Der Fotograf von Auschwitz*, Random House, 2015.

Federico Finchelstein, *Transatlantic Fascism*, Duke University Press, 2010.

László F. Földényi, *Mélancolie, essai sur l'âme occidentale*, Actes Sud, 2012.

Élise Fontenaille-N'Diaye, *Blue Book*, Calmann-Lévy, 2015.

Norbert Frei, *Adenauer's Germany and the Nazi Past*, Columbia University Press, 2002.

Witold Gombrowicz, *Trans-Atlantique*, Denoël, 1976.

—, *Pérégrinations argentines*, Christian Bourgois, 1984.

Uki Goñi, *La Autentica Odessa, La fuga nazi a la Argentina de Perón*, Paidos Iberica, 2002.

Graham Greene, *Voyages avec ma tante*, Robert Laffont, 1970.

Vassili Grossman, *Années de guerre*, Autrement, 1993.

Olivier Guez, *L'Impossible Retour, une histoire des juifs en Allemagne depuis 1945*, Flammarion, 2007.

Lise Haddad, Jean-Marc Dreyfus, *Une médecine de mort*, Vendémiaire, 2014.

Donald C. Hodges, *Argentina's « Dirty War »*, University of Texas, 1991.

Christian Ingrao, *La Promesse de l'Est*, Le Seuil, 2016.

Franz Kafka, *La Métamorphose*, Le Livre de poche, 1989.

Jean-Paul Kauffmann, *La Chambre noire de Longwood*, La Table Ronde, 1997.

Sven Keller, *Günzburg und der Fall Josef Mengele*, Oldenbourg, 2003.

Philip Kerr, *Une douce flamme*, Editions du Masque, 2010.

Ian Kershaw, *L'Europe en enfer (1914-1949)*, Seuil, 2016.

Imre Kertész, *Kaddish pour l'enfant qui ne naîtra pas*, Actes Sud, 1995.

Beate et Serge Klarsfeld, *Mémoires*, Fayard/Flammarion, 2015.

Alexandra Laignel-Lavastine, *Esprits d'Europe*, Calmann-Lévy, 2005.

Hermann Langbein, *Hommes et femmes à Auschwitz*, Tallandier, 2011.

Alan Levy, *Nazi Hunter, The Wiesenthal File*, Constable & Robinson Ltd, 2002.

Herbert Liebermann, *La Traque*, Seuil, 1979.

Albert Londres, *Le Chemin de Buenos Aires*, Arléa, 2009.

Ben Macintyre, *Forgotten Fatherland*, Macmillan, 1992.

Gabriel Miremont, *La Estética del Peronismo, 1945-1955*, Ediciones del Instituto Nacional de Investigaciones Historicas Eva Perón, 2013.

Miklós Molnar, *Histoire de la Hongrie*, Perrin, 2004.

Paul Morand, « Argentine Air Indien », *La Revue des Deux Mondes*, 1932.

Peter Novick, *L'Holocauste dans la vie américaine*, Gallimard, 2001.

Miklós Nyiszli, *Médecin à Auschwitz*, Julliard, 1961.

Alan Pauls, *Le Facteur Borges*, Christian Bourgois, 2006.

Gerald L. Posner, John Ware, *Mengele, The Complete Story*, Cooper Square Press, 2000.

Mario Praz, *La Chair, la mort et le diable dans la littérature du XIXᵉ siècle*, Denoël, 1977.

David Rock, *Argentina 1516-1987*, I.B. Tauris & Co Ltd, 1988.

Alain Rouquié, *Amérique latine*, Seuil, 1998.

Ernesto Sábato, *Le Tunnel*, Seuil, 1978.

W.G. Sebald, *Austerlitz*, Actes Sud, 2002.

Tom Segev, *Simon Wiesenthal*, Liana Levi, 2010.

Gitta Sereny, *Au fond des ténèbres*, Denoël, 2007.

Thomas E. Skidmore, Peter H. Smith, *Modern Latin America*, Oxford University Press, 1997.

Timothy Snyder, *Terres de sang*, Gallimard, 2012.

Oswald Spengler, *Le Déclin de l'Occident*, Gallimard, 1948.

Daniel Stahl, *Nazi-Jagd*, Wallstein, 2013.

Bettina Stangneth, *Eichmann Before Jerusalem*, The Bodley Head, 2014.

Gerald Steinacher, *Les Nazis en fuite*, Perrin, 2015.

Ronen Steinke, *Fritz Bauer oder Auschwitz vor Gericht*, Piper, 2013.

William Styron, *Face aux ténèbres*, Gallimard, 1990.

Abram de Swaan, *Diviser pour tuer*, Seuil, 2016.

Gordon Thomas, *Histoire secrète du Mossad*, Nouveau Monde, 2006.

Ulrich Völklein, *Josef Mengele, der Arzt von Auschwitz*, Steidl, 2003.

Rodolfo Walsh, *Opération massacre*, Christian Bourgois, 2010.

Guy Walters, *La Traque du mal*, Flammarion, 2010.

Peter Watson, *The German Genius*, Simon & Schuster, 2010.

Paul Weindling, *L'Hygiène de la race*, La Découverte, 1998.

Simon Wiesenthal, *Les assassins sont parmi nous*, Stock, 1967.

—, *Justice n'est pas vengeance*, Robert Laffont, 1989.

Les citations de la page 114 à 119 sont extraites de *Médecin à Auschwitz*, de Miklós Nyiszli, Julliard, 1961, traduit du hongrois par Tibère Kremer.

## REMERCIEMENTS


À Juliette Joste, Christophe Bataille et Olivier Nora, Marion Naccache, Juan Alberto Schulz, Uki Goñi, Sébastien Le Fol, Lars Kraume, Léa Salamé, Sylvie et Gilles Guez, Danièle Hirsch.

À Annabelle Hirsch. Annabelle.

Cet ouvrage a été achevé d'imprimer sur Roto-Page
par l'Imprimerie Floch à Mayenne
pour le compte des Éditions Grasset
en décembre 2017

Mise en pages MAURY-IMPRIMEUR

N° d'édition : 20247 – N° d'impression : 92098
Première édition, dépôt légal : août 2017
Nouveau tirage, dépôt légal : décembre 2017
*Imprimé en France*